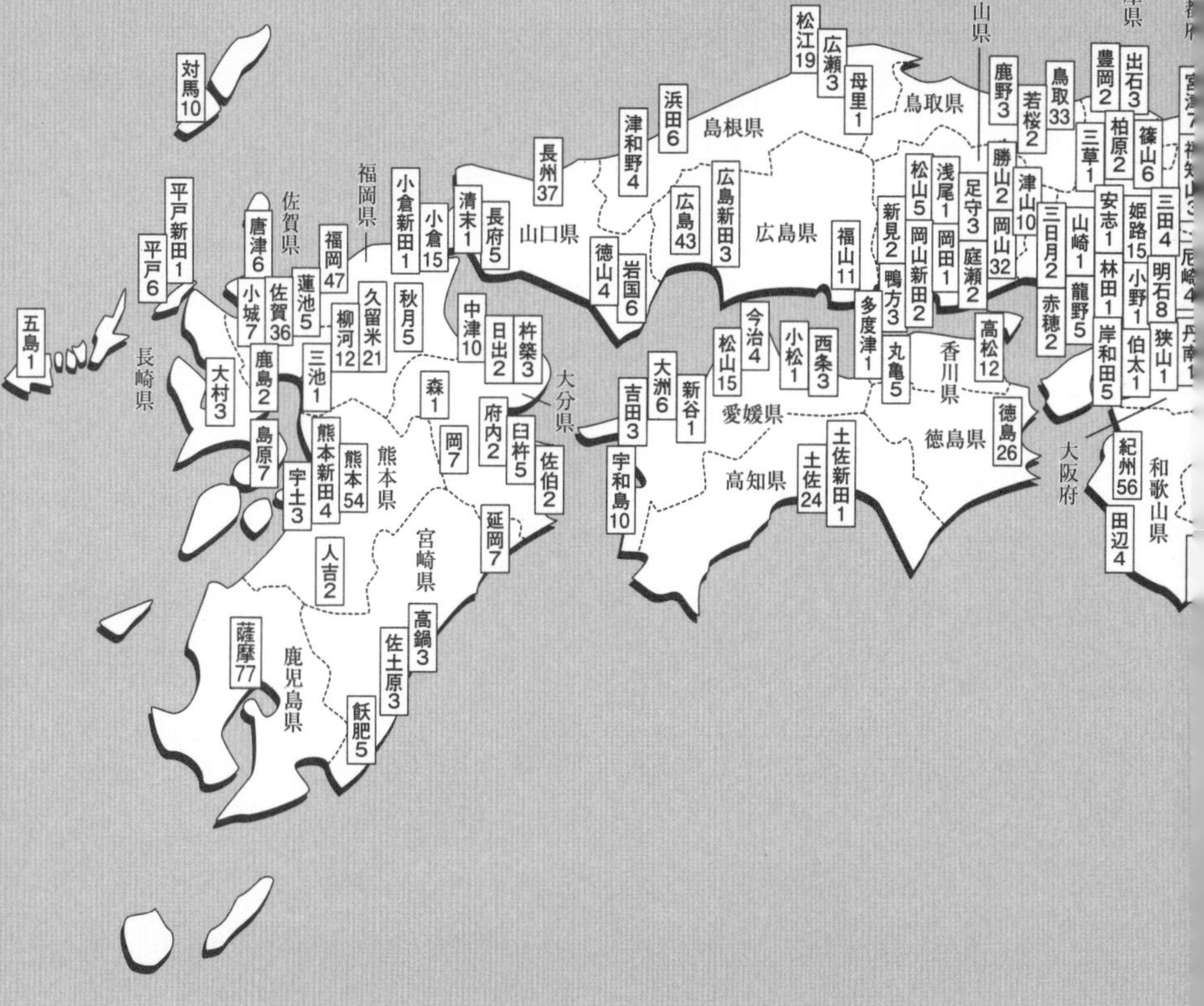

対馬10
平戸新田1
平戸6
五島1
長崎県
佐賀県
唐津6
小城7
佐賀36
蓮池5
鹿島2
大村3
島原7
福岡県
福岡47
柳河12
久留米21
三池1
小倉新田1
小倉15
秋月5
清末1
長府5
長州37
山口県
中津10
日出2
杵築3
森1
大分県
府内2
臼杵5
佐伯2
岡7
熊本新田4
熊本54
宇土3
熊本県
人吉2
延岡7
宮崎県
高鍋3
佐土原3
飫肥5
薩摩77
鹿児島県
津和野4
浜田6
島根県
徳山4
岩国6
広島43
広島新田3
広島県
松江19
広瀬3
母里1
鳥取県
福山11
新見2
松山5
浅尾1
岡山新田2
岡田1
鴨方3
足守3
庭瀬2
勝山2
岡山32
津山10
鹿野3
若桜2
鳥取33
岡山県
多度津1
丸亀5
高松12
香川県
徳島26
徳島県
今治4
小松1
西条3
松山15
大洲6
新谷1
吉田3
愛媛県
宇和島10
土佐24
土佐新田1
高知県
兵庫県
豊岡2
出石3
柏原2
篠山6
三草1
三日月2
赤穂2
山崎1
龍野5
安志1
林田1
姫路15
小野1
三田4
明石8
岸和田5
伯太1
狭山1
大阪府
紀州56
田辺4
和歌山県

シリーズ藩物語

横山昭男……著

山形藩

現代書館

プロローグ

山形藩物語

山形藩は、戦国期から山形を拠点として発展した最上義光から始まる。これは東北の有力諸藩が、関ヶ原戦前後、新天地に城地を与えられて成立した仙台藩や秋田藩とは大きく異なっていた。徳川方に組みした最上氏の藩領は五十七万石余の大藩となり、慶長年間に大規模な山形城および城下町を造ったが、最上氏は二十年余で改易となっている。

その後山形藩は、鳥居氏、保科氏が入封し、二十万石の中藩となったが、譜代藩として奥羽の藩屏の役目を担っていた。しかし幕藩体制も安定したあとは、幕閣の老中などで幕政に失敗した譜代大名の左遷地の一つとなっている。そのため大名家の交代が多く、元禄まで九回、幕末までは幕領期をはさんで十二回を数えた。その中で在任期間の長いのは堀田氏三代四十六年、秋元氏四代七十八年もみ

藩という公国

江戸時代、日本には千に近い独立公国があった

江戸時代。徳川将軍家の下に、全国に三百諸侯《しょこう》★の大名家があった。ほかに寺領や社領、知行所《ちぎょうしょ》★をもつ旗本領《はたもとりょう》などを加えると数え切れないほどの独立公国があった。そのうち諸侯を何々家《なにないけ》家中《かちゅう》と称していた。家中は主君を中心に家臣が忠誠を誓い、強い連帯感で結びついていた。家臣の下には足軽《あしがる》層《そう》★がおり、全体の軍事力の維持と領民の統制をしていたのである。その家中を藩と後世の史家は呼んだ。

江戸時代に何々藩と公称することはまれで、明治以降の使用が多い。それは近代からみた江戸時代の大名の領域や支配機構を総称する歴史用語として使われた。その独立公国たる藩にはそれぞれ個性的な藩風《はんぷう》と自立した政治・経済・文化があった。幕藩体制とは歴史学者伊東多三郎《いとうたさぶろう》★氏の視点だが、まさに将軍家の諸侯の統制と各藩の地方分権が巧く組み合わされていた、連邦でもない奇妙な封建的国家体制であった。

今日に生き続ける藩意識

明治維新から百三十年以上経っているのに、今

られたが、一般に譜代大名は、在国より江戸滞在が長いのが普通であった。

中期以後の山形藩は十万石から六万石の小藩となり、領地も城付地と関東などの飛地領に分けられていた。そこでは独自の政策や改革などを求めることは無理であった。しかし城郭と城下町の形態は、ほとんど最上義光時代のものが維持された。もちろん家臣団の縮小とともに武家地の多くは空地になり、地名だけがその後も残っていた。

家臣団の縮小は城下町の基盤の弱体化ともなるが、山形は比較的それをくい止め、中期以後の発展がみられる。それは城下町山形が、藩領に限らず村山郡の産業・経済の中心としての機能をもっていたからである。その最大のものは紅花市、紅花商人の発達であった。近江商人が多く山形に定着して栄え、江戸後期の上層商人がほとんど紅花商人であったことはそれを物語っている。

城下町である山形は商業優位の町であったともいわれる。山形が生んだ世界的な芸術家新海竹太郎、文明史家三浦新七、歌人斎藤茂吉は、その出自は素封家、仏師または篤農家であった。現在の山形最大の祭りは、時代祭ではなく、第二次大戦後、昭和三十八年(一九六三)から始まった花笠踊りである。山形の歴史的特徴を物語るとも言えよう。

でも日本人に藩意識があるのはなぜだろうか。明治四年(一八七一)七月、明治新政府は廃藩置県《はいはんちけん》★を断行した。県を置いて、支配機構を変革し、今までの藩意識を改めようとしたのである。ところが、今でも、「あの人は薩摩藩の出身だ」とか、「我らは会津藩の出身だ」と言う。それは侍出身だけでなく、藩領出身も指しており、藩意識が県民意識をうわまわっているところさえある。むしろ、今でも藩対抗の意識が地方の歴史文化を動かしている。そう考えると、江戸時代に育まれた藩民意識が現代人にどのような影響を与え続けているのかを考える必要があるだろう。それは地方に住む人々の運命共同体としての藩の理性が今でも生きている証拠ではないかと思う。

藩の理性は、藩風とか、藩是《はんぜ》とか、ひいては藩主の家風ともいうべき家訓などで表されていた。

(稲川明雄)

諸侯▼江戸時代の大名。
知行所▼江戸時代の旗本が知行として与えられた土地。
足軽層▼足軽・中間・小者など。
伊東多三郎▼近世藩政史研究家。東京大学史料編纂所所長。
廃藩置県▼藩体制を解体する明治政府の政治改革。廃藩により全国は三府三〇二県となった。同年末には統廃合により三府七二県となった。

シリーズ藩物語

山形藩

目次

これも山形

第一章 山形藩前史

羽州探題・斬波兼頼を祖とする最上氏は、戦国時代出羽第一の大名に発展。

①最上義光の襲封

最上氏の祖は斯波兼頼、義光は最上氏第十一代と伝わる。
父義守と嫡子義光は家督相続をめぐり、重臣も二派に分かれて争った。
義光が家督相続したあとも、村山郡内には反義光派が多く、天正二年（一五七四）最上の乱が起こった。

家督をめぐる争い

山形藩は最上義光《もがみよしあき》を初代藩主として始まる。義光は最上家十代または十一代と伝えられ、南北朝期に羽州探題《うしゅうたんだい》として山形に派遣された斯波兼頼《しばかねより》を祖とする。その後最上家を名乗り、代々ほぼ山形を拠点にしながら、戦国大名から近世大名に発展した数少ない名雄の一人である。

義光は天文十五年（一五四六）、義守《よしもり》の長男として山形城で生まれたが、母は不詳とされている。義守時代の最上氏は、宗家《そうけ》が支配した山形を中心に、一族が村山郡（当時最上郡）内の各地に配されていたが、明確な主従関係はみられず、分立・離反の状態が続いていた。それは嫡子義光の家督《かとく》相続にあたり、父義守がこれを嫌い、武将・豪族たちが二派に分かれて争うことにもみられた。

永禄十三年（一五七〇）正月吉日、義光は山寺立石寺《りっしゃくじ》★（山形市山寺）に祈願文《きがんもん》を

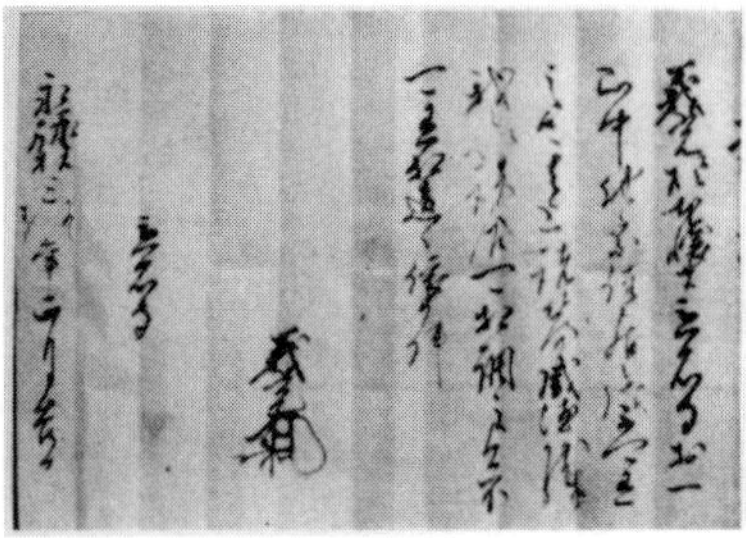

最上義光立石寺宛祈願文

捧げている。それは、もしわたしが「本懐《ほんかい》」を達したならば、立石寺一山中の安全と保護を約束するというものであるが、この「本懐」とは、家督を得ることであった。また元亀元年(一五七〇、永禄十三年四月改元)五月十五日、栄林《えいりん》(義守の禅号)が伊達《だて》氏の宿老《しゅくろう》氏家《うじいえ》伊予守《いよのかみ》に宛てた書状では、いろいろ不満もあるが、伊予守の願いも入れて、「親子和合」したことを伝えている。家督問題は、この年五カ月余の間に急速に和解の方向に進んだものとみられる。

伊達氏の宿老の仲介は、伊達輝宗《てるむね》(政宗《まさむね》の父)が義光の妹義姫《よしひめ》を妻とし、義守は岳父《がくふ》にあたる関係から、協力関係を保持する当然の行為であった。しかし、伊達家も晴宗《はるむね》・輝宗父子の不和が続き、深く干渉する余裕がなかったのである。相続をめぐる対立は深刻であったが、義光の立石寺祈願から数カ月のちに、父義守は瑞龍《ずいりゅう》院★(置賜郡高玉村)の禅門に入り、栄林と号していた。元亀二年八月、義守は瑞龍院一翁和尚から「下炬語《あこご》」★をうけて得度《とくど》し、隠居したとする説もあるが、すでに義守の隠居、義光の家督は、同元年五月以前に決定していたとみるのが妥当のようである。

義光の家督をめぐる争いについては、父義守は長男義光よりも二男義時《よしとき》を愛し、家督も義時に譲ろうとしていたことから、義守・義時と義光の争いとみるのが従来の定説となっていた。そして家督が義光に決定すると、義光は山形城主に、義時は中野城主となったが、その後も天童《てんどう》、谷地《やち》など各地の反義光派の武将たちは

▼立石寺
山形市山寺。天台宗。山号、宝珠山。慈覚大師円仁が貞観二年(八六〇)開山、山寺ともいう。

▼瑞龍院
白鷹町高玉。曹洞宗。伊達持宗が享徳二年(一四五三)建立、のち勅願寺。末寺五〇〇カ寺。

▼下炬語
禅門に帰入し、得度したことの証明。法語。

最上義光肖像

義時を支持して争いを続けたと説明する。しかしこれに対し、新史料の発見などから、義時の実在は認められないこと、家督争いは義守と義光の父子の対立とみるべきであるとの説が有力となっている。

最上の乱

家督争いの内紛は、天正二年(一五七四)に再燃した。隠居した義守は、家督相続後の領内統制にあたる義光の強引な態度に怒り、まず伊達輝宗に救援を求めた。同年二月三日、義守が伊達氏の家臣湯村助九郎に送った書状は、領内の不安状況を語るものであった。つまり、郡内各地の反抗を鎮めるには輝宗の助けによるほかないこと、領地境の防備や、家中の恨みによる不満も多く、際限なく大変な状況にある。戦いを起こさずに平和を取り戻すため、義守のため輝宗の力を貸してほしい、というものである。

義光方の武将には、上山《かみのやま》城主里見《さとみ》民部《みんぶ》、寒河江《さがえ》城主某のほか、氏家尾張守《おわりのかみ》・谷柏《やがしわ》相模守《さがみのかみ》などの宿老たちがいたが、村山郡内の多くの武将・豪族は、反義光派であった。『伊達輝宗日記』によると、同年五月に入り、山形周辺の若木《わかぎ》城主(神保《じんぼ》隠岐《おき》か)が攻撃に立ち上がり、長崎城主も門伝《もんでん》の近くで山形勢を追い散らしたとある。伊達輝宗が米沢を出発したことが、中野・天童・高擶《たかだま》など郡内各

最上義光所用のかぶと

城主に伝わると、山辺《やまのべ》城主も、輝宗方へ奉公することを注進している。この頃、義光は苦況に陥っていたようすが知られる。

しかし、反義光派の足並みが揃っているわけではなかった。争いも一進一退を続ける中で、近隣の諸大名には徹底抗戦をよびかける者もあれば、双方の和議《わぎ》を進言する城主もあった。谷地城主白鳥長久《しらとりながひさ》が伊達氏の重臣に遣わした八月二十七日の書状によると、戦いを避け、相談によって解決しようとしたが、山形勢に対する反感が強く、天童などこれに反対するのでまとまらない、そこで伊達氏の使節派遣などの協力を賜りたい、というものであった。

その後十一月になると、天童頼長《よりなが》も和睦に傾いたが、『性山公治家記録』★によれば、義光は、「東根《ひがしね》・西根の輩と和睦の会釈」、つまり対等の形の和睦などはできないとして、討伐を主張している。高擶某・天童氏から伊達氏への飛脚《ひきゃく》の知らせでは、十二月になって再乱も必至であるとの状況になっていた。

この頃の村山郡内の一族・国人《こくじん》は、居城を中心に周辺の村落を支配する領主として君臨し、その独立性も強かった。その数は主なものだけで二十余名を数えたが、その中には最上宗家に代わって大名になろうとする者もいたのである。小国分立の状態では、近隣の諸大名に屈することになる。最上宗家が大名領国を形成する道は、強力な主導権によって、これらの小領主たちをいかに支配下に治めることができるかということであった。

▼『性山公治家記録』
伊達輝宗に始まる伊達氏の正史。輝宗・政宗・忠宗に関する部分は、伊達綱村時代、元禄十六年完成。

さらにこの内乱の具体的な状況は、天正二年正月から五月の間に、隠居中の義光の父義守（栄林）から伊達氏の家臣にだした書状に詳しい。その四点のうち正月吉日の書状では、栄林と義光の間は、手の施しようのない状態にあるが、戦いを起こすのは、郡中・山形中の武将で反義光派が多くなっているので難しいことではないと思う、これまでは、義光討滅のお誘いがあっても手を結ぶまでにいかない内部事情があったが、今後は戦う決心を固めていただきたい、というものであった。

二月三日付の二点の書状では、伊達と最上の領地境を固めて、戦闘状態に入ったこと、郡内の東根・西根の国人たち、最上義光側の家臣団から離脱した山形家中の地頭《じとう》など、あちらこちらから押し寄せてくるので、義光よりも栄林は強い。ただし、一味中の遺恨もあるので慎重に対処したいが、連絡を密にして備えを万全にしたいというものであった。そして五月十二日の書状では、際限のない戦争となったが、輝宗の助勢で安心していること、おかげで戦いは優勢のうちに進んでいるので、遠からず勝利できるとし、輝宗様の口々からの最上攻めをさらに進めてほしいとの願いも認めている（『青葉城資料展示館報告』特別号、改訂版、平成十四年二月）。

これらの書状によれば、天正二年のいわゆる「最上の乱」で敵対しているのは、父栄林と子義光の対立であったことが知られる。そして、隠居の身である栄林方が、郡内の一族・国人たちを多く味方にして戦っている点が注目される。
　義光が最上の乱後、まず一族・国人に対してとった処置として、天正三年某月、弟義時を殺害したとする説がある。理由は、義時が家督争いに敗れた後、兄義光を呪い、中野山王《さんのう》社や山形両所宮《りょうしょぐう》の各別当をとおして祈禱を行ったというものであるが、根本史料によるものではない。最近発見された史料によれば、弟義時は存在しなかった可能性が高いので、この殺害説は、のちの何らかの意図に基づく創作であるとみる説が有力となっている。

最上家略系図

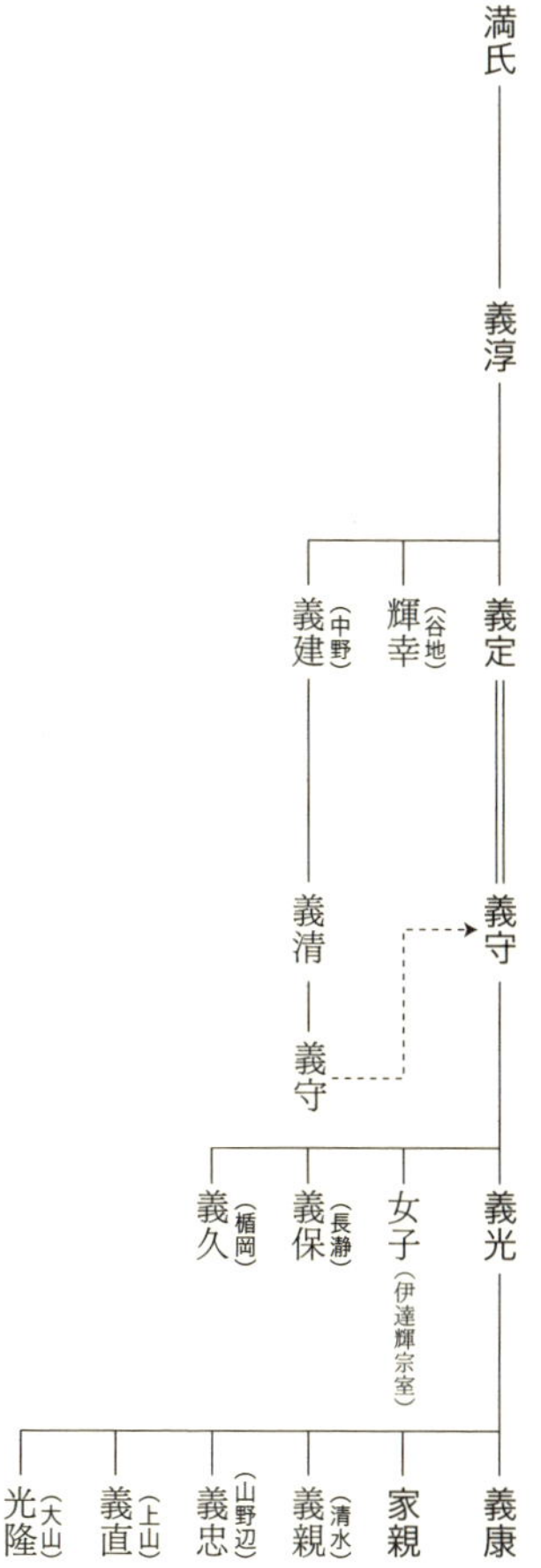

最上家家紋・丸に二引き両

② 義光の村山・最上統一

義光は天童城を攻略して、村山郡の川東を制圧し、天正九年（一五八一）頃には最上地方に進出。同十二年頃に川西地方も領国化した。谷地城主白鳥長久の殺害、寒河江城を中心とする徹底討伐が注目される。

村山地方川東の統一

最上の乱における反義光派の急先鋒は天童頼久《てんどうよりひさ》であった。天童氏は舞鶴《まいづる》山（天童市）の山城《やまじろ》に拠り、「最上八楯《はったて》」（延沢《のべさわ》・飯田・尾花沢《おばなざわ》・楯岡《たておか》・長瀞《ながとろ》・六田《ろくた》・東根《ひがしね》・成生《なりう》）の旗頭ともいわれ、その勢力は村山北部にまで及んでいた。天童氏は最上氏庶流★であったが、早くから宗家より分立し、大名化を競っていたことが知られる。頼久の先代頼貞《よりさだ》は娘を最上義光の側室に送るなど義光との融和策を図ったこともあるが、それも決裂して、義光の天童城攻撃になった。しかしその後、天童氏の攻略が進まないことを知った義光は、八楯中の有力武将である延沢満延《みつのぶ》の嫡子（又五郎）に妹松尾姫を嫁がせて懐柔し、天童氏を滅ぼしたとされている。

天童攻略によって村山地方の最上氏領国化が進んだ。東根《ひがしね》頼景《よりかげ》は天童頼久の

▼庶流
本家の二、三男が分家した家筋。庶族。

実弟であったが、家臣の里見《さとみ》源右衛門は城主を裏切って義光に味方し、蔵増安房《くらぞうあわの》守《かみ》らとともに東根城を攻撃したため、頼景は非業の最期をとげた。その後、里見氏は最上家の家臣となり、東根城主となっている。

延沢氏は村山郡北部の尾花沢盆地の中で最強を誇る城主で、要害霧山城に拠ったが、満延のあと義光の女婿光満が跡を継ぎ、最上氏重臣の一人でもあった。

山形の南に位置する上山《かみのやま》城の上山氏も、その始祖は上山満兼《みつかね》とするが、最上一族の一人といえよう。天正二年（一五七四）の最上の乱で、最上義守を支援する伊達輝宗と最上義光が戦ったとき、上山城兵は義光方と関係がよく、その急先鋒として戦い、伊達領の北条庄に進撃した。しかしその後、最上義光は満兼の討滅を図るようになり、上山氏の家臣里見越後《えちご》・民部《みんぶ》父子を懐柔し、満兼を殺している。満兼滅亡後の上山城は里見民部に与えられたともいわれるが、『最上義光分《ぶ》限帳《げんちょう》』では、民部は長崎城主となっている。

根本史料が少ないため、年代の特定も難しい。天童城（舞鶴山）の落城も、天正五年説と同十二年説とがあるが、十二年は義光が川西谷地の白鳥氏・寒河江氏を滅ぼした年代である。根本史料がないので断定はできないが、村山郡川東の最大の戦いとなった天童落城は、その他の地域への進攻を考えると、天正八・九年までに終わっていたとみるのが妥当であろう。村山地方の川東の領国化が先にあって、次に川西への進展が強力に図られたとみるべきであろう。

延沢城跡

最上地方への進出

最上義光の勢力は、天正九年(一五八一)頃になると、最上地方(当時村山郡)の各城を攻め立てた。小国《おぐに》城主の細川摂津守直元《なおもと》は、娘を天童頼久に嫁し、天童方に与して義光に抗していたが、村山郡を平定した義光はまずここを攻略した。臣従した小国の細川氏は、嫡子光基《みつもと》が小国日向守《ひゅうがのかみ》を名乗って、小国八千石を領している。最上地方で最も強いのは真室《まむろ》城の鮭延秀綱《さけのべひでつな》(愛綱)であった。義光は旧氏家《うじいえ》守棟に命じてここを攻め、近くの庭月《にわつき》城とともに、たちまち降している。旧藤島城主土佐《とさ》林禅棟《ばやしぜんとう》の秋田氏家臣宛の書状によれば、山形方の和平工作で停戦したとあるので、激戦に至らず降伏したとみられる。秀綱も義光に降ると、真室城一万一千五百石を安堵《あんど》され、のちに金山城(一万七千石)に移された。

義光が村山から最上地方に進出すると、庄内に覇を称える武藤義氏《むとうよしうじ》も最上地方への進攻を図った。清水には最上一族の清水義氏が居城し、しばしば武藤氏の攻撃をうけていたのである。義光は清水義氏の娘を側室とし、清水御前と称していた。義光は天正九・十年頃、武藤氏の進攻から清水城を守り、同十四年二男義親《よしちか》を養子に送り、清水氏を継がせている。清水は、最上氏がさらに庄内に進出し、領国の発展を図るうえで、重要な拠点と考えられていたのである。

この頃新庄城には日野《ひの》左《さ》京亮《きょうのすけ》がおり、反義光派で武藤氏に通じていた。しかし天正九年頃には義光に降ったため、同年七月、新庄城は武藤氏の攻撃をうけている。

川西地方の領国化

戦国期の最上川の川西は、川東とも異なる伝統的な国人が領国形成を図っていた。その一人は谷地城主白鳥長久である。白鳥氏は同じ谷地領でも北方の白鳥(現・村山市)の豪族で、初め白鳥城に拠ったが、元亀年間(一五七〇〜七三)谷地城に移り発展した。それは谷地城下の整備によっても知られるが、天正二年(一五七四)の最上の乱で、伊達氏の威勢を背景にその調停に乗り出したことはその表れであろう。特に野心のほどは、天正五年、家臣の槙《まき》清光を上洛させ、織田信長に名馬一疋などを献上し、信長朱印状《しゅいんじょう》をうけたことからも知られる。

これを耳にした最上義光は、ただちに徳川家康《いえやす》の取り次ぎで家臣志村九郎兵衛を上洛させ、大鷹一羽などを献上したと伝えられる。義光は、自分より先に白鳥氏がとった大名としての振る舞いをはじめ、それがいっそう増長したことに対し、一時は和解し臣従を考えたが、討伐を決意するに至った。天正十二年六月、義光は病気と偽って長久を山形城内におよび謀殺している。これはのちに、本丸に残っ

織田信長白鳥長久宛書状

た「血染の桜」とともに、山形の語り草の一つとなっていたが、根本史料はないとされてきた。近年発見された天正十二年六月十二日付の山形殿宛の伊達政宗書状によれば、白鳥氏の殺害があったこと、関係勢力の動きについての伊達氏の加勢と立場の現状を述べ、義光の動きについての好意的な文意がよみとれる。

川西地方のもう一つの反最上氏の勢力は、寒河江城（寒河江市）と周辺の溝延城・白岩城・左沢《あてらざわ》城など大江氏一族であった。戦国期の大江氏一族もまとまりはなく、天正二年の最上氏の内紛でも、宗家の寒河江城は義光方であったが、他は反義光方であった。その背景には米沢の伊達輝宗の動きもあり、寒河江の大江宗家が義光と結託したのは伊達氏に抗するためでもあった。しかし、いよいよ義光が寒河江地方の領国化を強めると、これには徹底的に抵抗した。『義光物語』★によると、天正十一年から翌年にかけて、寒河江城では羽柴勘十郎《はしばかんじゅうろう》が最後まで奮戦したが、落城したとある。その前に元城主の大江堯元は城外に退去し、自害している。

寒河江城の落城については根本史料がなく、また大江一族で最上氏家臣として、特に取り立てられた事例は知られていない。しかしその後、寒河江城主に、大江の庶族とされる寒河江外記《げき》がおかれたこと、また『最上義光分限帳』に寒河江肥前守《ひぜんのかみ》（二万七千石）がみえる。義光が死去したときの四人の殉死者のうちに、寒河江肥前守・寒河江十兵衛の名が知られる。大江庶族の中には、特に恩義を感

▼『義光物語』　同種のものに『最上記』『最上義光記』などがある。内容は旧主最上義光の事跡を中心に記したもの、原本は改易後十二年目頃に編纂したものが最も古い。

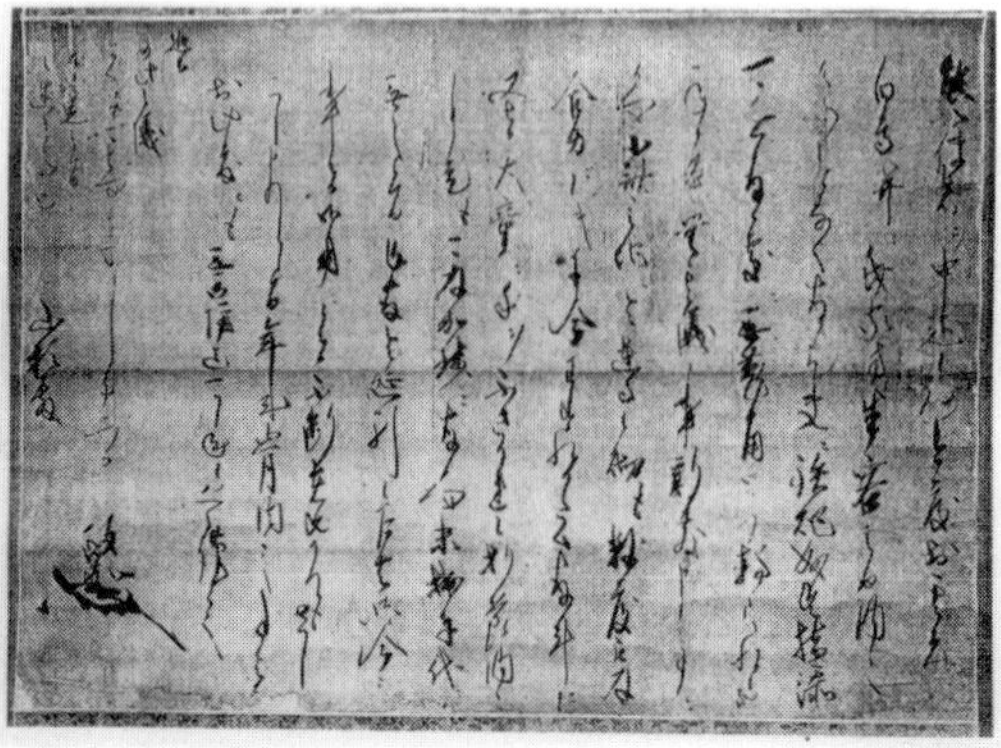

伊達政宗の書状

じ、義光の側近として仕えた者があったことを示すともいえよう。

しかし川西地方は、最上氏領国の中で蔵入地が集中しているところであった。このことは、村山郡内でも旧来の国人で城持《しろもち》の重臣となった者が少ないことにもみられる。最後まで徹底的に討伐されたということにもなる。川西地方が最上氏の完全な領国となるのは天正年間末とみられ、村山郡内では最も遅かった。それだけ領国化が比較的徹底し、寒河江足軽衆《あしがるしゅう》など最上直臣団《じきしんだん》の基盤となっていたとみることができる。

義光殉死者の墓

③ 豊臣大名から徳川大名へ

天正十年（一五八二）頃の庄内の混乱に乗じ、最上義光は庄内進出を図り、東禅寺城主前森氏とともに、武藤氏の拠る尾浦城を陥落させて庄内を手にする。約六年後の天正十六年、越後本庄軍の侵入で敗退。慶長五年（一六〇〇）徳川方の最上氏は、豊臣方の上杉勢を長谷堂戦で破る。

最上義光の庄内進出

出羽国の庄内地方では天正十年（一五八二）頃、尾浦城《おうら》（鶴岡市大山）に拠る武藤義氏が、藤島城（土佐林氏）、東禅寺城《とうぜんじ》（東禅寺氏）などを抑えてその統一を図ろうとしていた。武藤氏は鎌倉時代の大泉庄地頭の子孫として発展したが、室町・戦国期になると、庄内各地に分封していた一族が互いに抗争し、宗家を中心とするまとまりがなくなっていた。もと大宝寺《だいほうじ》（鶴岡市）に居城して大宝寺氏を名乗ったこともあるが、その後、山城の尾浦城に居城したのも、争乱時代を背景としたものであった。天正十年頃、武藤義氏の勢力が庄内を覆うかにみえたが、東禅寺城主前森蔵人《まえもりくろうど》が謀反を起こし、反武藤派の城主・土豪らが、尾浦城攻撃に一斉に立ち上がっている。藤島城主土佐林禅棟も、その有力者のひとりであった。

このような状況を知った最上義光は、庄内川北の来次氏秀《きすぎうじひで》（観音寺城主）・砂《さ》越《ごし》城主と計らい、庄内進出を始めた。前森蔵人も義光と通じて尾浦城を攻め、武藤義氏は同十一年三月自刃し、最上勢に降伏している。義氏亡き後の尾浦城は、弟の義興《よしおき》（丸岡兵庫）が家督を相続した。

その後、庄内は一時平生に戻っている。しかし庄内の諸城主の政治動向は、安定したものではなかった。武藤氏による領国化は失敗し、山形の最上氏の勢力下に一応は落ちついたが、越後上杉氏の勢力と結んで、自己保全を図る者も多かった。

天正十四年の春、東禅寺城主の前森蔵人が、武藤義興に対して再び反乱を起こした。義興は越後村上城主本庄《ほんじょう》繁長《しげなが》の二男義勝《よしかつ》を武藤氏の養子とし、越後勢の援助によって対抗した。前森の背後には最上勢があったが、同十五年十月、再度の攻撃で義光は、大軍を庄内に侵入させた。義勝は逃れたが義興は自害し、尾浦城は陥落した。

庄内は最上氏の大軍によって制圧された。しかし、その後義光は、庄内統治にあたって、有力武将を配置するなどの直接支配の方法をとらなかった。東禅寺筑《ちく》前守《ぜんのかみ》（前森蔵人）に庄内支配の一切を任せるという方針をとっている。

天正十五年十二月、秀吉は「関東・奥羽両国惣無事令《そうぶじれい》」★を発し、これに背く者はすべて平定するとした。これについて最上氏は、出羽国は羽州探題の後裔義光の領国で、越後勢の庄内侵入は不法であると主張した。一方、本庄繁長は、庄内

▼**関東・奥羽両国惣無事令**
領土紛争の全面停止を命じた秀吉の直書。

はわが子武藤義勝の領土で、これを奪回するのは不法な私闘ではないと反論し、庄内をめぐる外交もその激しさを増していた。

十五里ケ原の戦い

このような状況の中で、天正十六年（一五八八）八月、越後の本庄繁長・義勝父子の大軍が庄内奪回のため庄内に進入してきた。庄内と越後の国境近くには、最上方にとっての敵城も多く、かねてから心配していたが、義光は山形の本隊を送ることなどもせず、尾浦城主中山玄蕃《げんば》と東禅寺筑前守《ちくぜんのかみ》の庄内軍に任せ、楽観的であったのである。戦いは鶴岡と大山の中間にあたる十五里ケ原《じゅうごりがはら》（鶴岡市）が最大の激戦地となった。急遽侵入した本庄軍に対し、東禅寺氏が指揮する庄内軍にはまとまりがなく、まもなく尾浦城・大宝寺城は兵火に包まれた。そこで、未墾の原野が広がり、川筋が深く天然の要害でもある十五里ケ原★が決戦地に選ばれたのである。

この戦いで、最上義光が遣わした草刈虎之助が討ち死にし、東禅寺筑前守の弟右馬助《うまのすけ》は、繁長軍の本陣に忍び入ったが、悲愴な最期をとげた。庄内の最上軍も後退しながら抵抗したが、やがて最上方面に敗走した。その数は楯主《たてぬし》・地侍《じざむらい》たち、上下一万人余ともいわれている（三坂越前守宛最上義光書状）。庄内一帯を征服し

▼十五里ケ原
鶴岡と大山の中間、未墾の原野が広がり、三つの渓谷が天然の要害を形成していた。

十五里ケ原跡

た本庄軍は、まず東禅寺城・尾浦城に繁長・義勝がそれぞれ入城した。

最上義光は本庄軍の庄内侵入の報をうけ、ただちに大軍を率いて六十里越街道を進んだが、すでに間にあわなかった。庄内最上軍の大敗の原因は、庄内における諸城主・地侍の統制が地元任せで不徹底であったこと、また外交面が弱く、それが越後本庄勢に対する油断になったとみられる。

奥羽仕置と最上氏

最上義光は本庄氏の暴挙について徳川家康に訴え、その援助を依頼した。これに対して家康は、天正十七年(一五八九)三月、近隣諸将との軽率な紛争を戒めるとともに、一刻も早く義光自身が上洛するよう勧めている。これに対して義光は、領国を留守にすることを心配し、部将寒河江光俊を上洛させた。この義光の判断について、特に豊臣秀吉《とよとみひでよし》の意見はなかったが、この頃、義光は上杉方などに比べ、中央折衝にはあまり積極的でなかったことがよみとれる。

一方、上杉方の武藤義勝は、石田三成《みつなり》の勧告をうけて、自ら再度上洛し、同年七月に秀吉に会い太刀三腰などを献上している。これに対して秀吉が、義勝を出羽守に任じ、豊臣の姓をも許したことは、庄内を上杉の領有として認めることになったのである。

天正十八年三月、秀吉が関東平定のため小田原征伐を決めると、義光も家康から小田原参陣の要請をうけた。義光は落城間際の六月に到着し、参陣に間にあった。そのため最上氏の本領は安堵された。つまり同年七月、宇都宮で発表した奥羽仕置《しおき》は、秀吉の戦後処理であったが、奥羽の諸大名の中でも、小田原参陣のなかった陸奥の葛西氏・大崎氏などの所領は没収になるという運命にあったのである。会津への参上を命ぜられた義光は、同年八月九日、妻子同道で出仕した。さらに十二日には伊達政宗同様、妻子を京都に差し出し、その素早い行動は他の模範であるとも報ぜられている（浅野家文書）。

奥羽仕置は、家臣の城の破却、大名の妻子を上京させること、それに太閤検地《たいこうけんち》の実施であった。同年八月、「出羽検地条々★」がだされたが、その実施方針としては、国人や百姓には納得するまで説明すること、しかし反対者がおれば城主の場合はもちろん、百姓以下は一郷全部を「なで切り」にすることもあるという覚悟でのぞむことが示されていた。

最上領には、これまでこの検地が実施された形跡がないが、庄内・由利・仙北地方では、同年八月下旬に断行され、これに対して藤島などでは、土豪・地侍らの反対一揆《いっき》が起こった。この土豪蜂起の鎮圧には上杉景勝《かげかつ》があたったが、仙北の湯沢城（小野寺義道《よしみち》）などに対しては、義光が検地先導の名分で鎮定にあたっている。

▼**出羽検地条々**
奥州平定後、太閤検地はあらゆる土地、すべての村で強行する旨を指示した。

出羽の諸将に対する秀吉朱印状が、天正十八年十二月から翌年一月にわたってだされたが、最上義光には十三万石が給された。この領地には、村山・最上両郡のほかに、仙北のうち上浦郡（雄勝）も含まれていた。仙北郡には上杉勢の駐留軍も多く、同郡の地下人《じげにん》の動揺もあることをみると、最上氏への帰属は予想しなかったことであるらしい。そこで上浦土民の送還をめぐって、最上氏の宿老氏家守棟と上杉方の色部《いろべ》長真《ながざね》の間で抗争もあったが、ここは秀吉宛行状《あてがいじょう》のとおり、最上方への帰属に決したのである。

十五里ケ原の戦いで庄内が上杉氏の領有となった最上方としては、仙北郡の一部を確保することは、対上杉氏のうえでも大きな意味があった。

聚楽第事件

奥州奥郡では天正十九年（一五九一）、九戸《くのへ》政実《まさざね》が南部《なんぶ》信直《のぶなお》に叛く反乱が起こった。同年六月、豊臣秀吉は奥羽諸将に対して、九戸討伐★令を発している。八月になると豊臣秀次《ひでつぐ》・徳川家康は伊達領に入ったが、最上義光も遠征軍を信夫郡大森に出迎え、二男家親《いえちか》を家康の近侍として使うことを頼んだのは、今後いっそうの親密さを図ろうという目論見であった。

同年十月、九戸討伐を終えた秀次は、帰りの途中で山形に立ち寄り、義光の愛

▼九戸討伐
南部信直に対する九戸政実の反乱に対し、秀吉は、伊達・南部両氏をはじめ、上方軍の進撃を命じて鎮圧した。

娘、駒姫《こまひめ》に目をつけ、侍妾とするため都につれて帰りたいと義光を説得した。やがて秀次が関白《かんぱく》に就任すると、駒姫は「お今の局《つぼね》」として寵愛をうけ、妻妾らと栄華の毎日を送っていた。ところが、秀吉の側室、淀君《よどぎみ》に秀頼《ひでより》が生まれると、秀次の立場も微妙になってきた。そこで、義光は豊臣家との関係を補強するため、三男義親《よしちか》を大坂に送り、秀頼に奉仕させている。義光としてはお家安泰のため、二男家親を徳川家康に、三男義親を豊臣家に送るという二面外交をとったのである。

九戸の乱討伐とほぼ同じ頃、秀吉は大陸侵略を企図し、天正十九年九月、諸大名に朝鮮出兵を発表した。翌年三月、出陣命令がだされ、西国大名とともに越後の上杉景勝《かげかつ》などは大軍を率いて朝鮮に渡海したが、最上義光は徳川家康などとともに、肥前国名護屋《なごや》の在留組であった。しかし、この遠征は文禄二年(一五九三)まで二カ年にもわたるもので、大名にとって新領国の建設に直接指揮がとれない状態となったのである。義光が山形の家臣に宛てた書状の中からも、その事情や心境をうかがうことができる。

秀吉の無謀な外交姿勢は、内に対しては秀次の謀反の嫌疑に対する処分にも現れた。文禄四年七月、秀次は高野山《こうやさん》へ追放のうえ、切腹を命ぜられ、関白の妻妾三〇人余は処刑となった。しかも洛中引き廻しのうえ、三条河原で斬首されている。これらの女性の中で、一六歳の駒姫は最年少であった。義光は家康に助命を

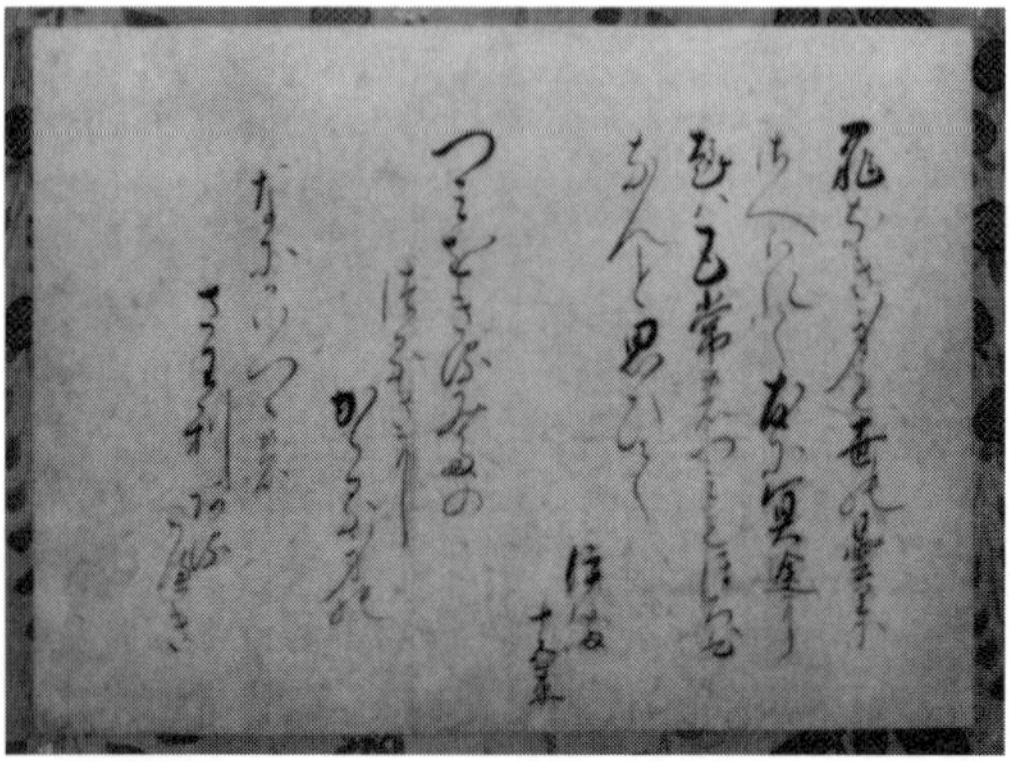
駒姫辞世の句

嘆願したが、適わなかったという。

秀次の謀反に関しては、五奉行《ごぶぎょう》の一人浅野長政《ながまさ》も疑惑をうけ、秀次の奥羽下向以来の接近で伊達政宗や最上義光も聚楽第《じゅらくだい》に拘禁されて取り調べをうけた。最上家ではこの事件の影響を心配していたことは、文禄四年三月十三日、義光の長男義康《よしやす》と二男家親の名で、村山郡大沼明神（朝日町）に奉納した「立願状」などからも知ることができる。

出羽合戦と徳川方最上氏

天正十八年（一五九〇）の奥羽仕置★によって、最上義光は山形から動かなかったが、米沢城主伊達政宗は岩出山《いわでやま》城五十一万石（陸奥玉造郡）へ、伊達の旧領黒川（会津）には、蒲生氏郷《がもううじさと》が九十一万石で封ぜられた。氏郷は秀吉の信頼が厚く、奥羽の豊臣支配の要《かなめ》として配置され、米沢城もその一部であった。その後文禄四年（一五九五）、氏郷が死去し、子の秀行《ひでゆき》が継いだが、家中の不和が原因で慶長三年（一五九八）、宇都宮への減知転封となり、会津には上杉景勝《かげかつ》（百二十万石）が入封している。景勝は徳川家康とともに、秀吉政権の五大老《ごたいろう》の一人として、関東・東北の諸大名の中に君臨して並ぶ存在であった。しかし秀吉が同年三月に死去すると、内部にくすぶっていた、いわゆる石田三成らの文吏派と徳川家康らの武将

▼奥羽仕置
天正十八年（一五九〇）七月、奥羽諸大名に対する秀吉の知行割、太閤検地の断行。

派の対立が激しくなっていった。

　これが発展して天下分け目の関ヶ原の戦いとなるが、その直接の契機は慶長五年二月、家康の景勝に対する上洛要請である。再度の要請に対する上杉方の参謀直江兼続《なおえかねつぐ》の返答は、会津に転封したばかりの上杉にとって、領国建設が急務で上洛に応ぜられないというものであったが、一方で若松城に代わる新城（神指《こうざし》城《じょう》）の建設計画も知られていた。この兼続の挑戦的な上洛拒否の返答に対して、家康は疑いをいっそう募らせたといわれ、両軍の衝突は迫っていたのである。

　同年七月、会津攻めに向かった家康方東軍は、石田三成の挙兵の連絡をうけて向きを西に変え、美濃の関ヶ原で三成軍と正面対決する。上杉軍との戦いは、隣国で以前から敵対関係が深く、徳川とは親密の度を深めている最上氏に任せることとなったのである。

　最上義光にとって、奥羽最大の大国を有する上杉氏は脅威であった。九月に入ると、上杉軍が四方から山形に向かって攻めてきた。西南には、狐越《きつねごえ》街道★沿いと、最上街道沿いの上山口とがあったが、直江兼続の主力軍は、狐越街道から入ってまず畑谷《はたや》城を落とし、鉄砲隊をもって破竹の勢いで山形に迫ってきた。また西北からは、庄内から六十里越街道を尾浦城主下吉忠《しもよしただ》軍が進撃して、谷地城・白岩城を攻め、酒田の東禅寺城主志駄修理《しだしゅり》が最上川をさかのぼって山形に攻めてきたのである。

志駄修理宛弾丸輸送木簡

▼狐越街道
置賜郡から村山郡にでる峠道の一つ。白鷹山の西北部をめぐり山形に向かう。

これらを迎え撃つ最上軍は、義光の弟楯岡甲斐守《かいのかみ》、三男清水義親など多くの諸将がいたが、上杉軍の前に数のうえでも劣勢であった。山形城最後の防波堤は、志村《しむら》伊豆守《いずのかみ》を城主とする長谷堂《はせどう》城であった。すでに直江軍を主力とする上杉軍に囲まれて防戦状態となっていたが、延沢能登守《のべさわのとのかみ》などの奮闘で、最上勢も抵抗を続けた。最上義光は伊達政宗に援軍の派遣を要請したが、伊達方も多年の不和や上杉方に肩入れする者もあって、派遣に慎重であった。最終的に馬上五百余騎、鉄砲隊七〇〇人などの出陣を決めるが、九月三十日、関ヶ原の戦いは家康方が勝利したとの報せが入ると、最上に進撃していた上杉軍の一斉撤退が始まった。

しかし戦いはただちには終息せず、各地で追撃戦がみられた。特に庄内での戦いは翌六年四月まで続いた。かつて十二年前、十五里ケ原の戦いで大敗した最上軍にとってはその挽回ということもあり、今度は伊達氏の援軍を得て優勢のうちに進んだ。上杉方は撤退命令のもとで最上方へ降伏した者もあり、兵力が弱まったこともある。上杉方の元・尾浦城番の下吉忠は、最上軍方として庄内に押し入った。酒田東禅寺城主の志駄修理は、城が陥落すると置賜と庄内をつなぐためにつくられた朝日軍道を一部の家来とともに逃げ帰っている。

慶長六年八月、関ヶ原の戦いの戦後処理によって、上杉景勝は百二十万石から三十万石へ減封となったのに対し、最上義光は五十七万石（五十二万石ともいう）の大名となり、伊達氏（六十二万石）と並ぶまさに東北の雄となった。

長谷堂城跡

これも山形

お国自慢

山形の人物と文化（1）

和算研究家
会田三左衛門《あいださんざえもん》（一七四七〜？）

安明は延享四年（一七四七）、山形七日町に生まれた。一六歳のとき、算学者中西流の岡崎権兵衛について学んだが、明和六年（一七六九）、二三歳で江戸に上った。旗本普請役《はたもとふしんやく》の鈴木某の士株を二〇両で買いとり、鈴木彦助を名乗り、利水や治水事業に活躍した。

その後、和算研究と著述に専念。和算研究の中でも、最上流《さいじょう》という一派をつくり、天明八年に独立。寺社奉納の算額《さんがく》をめぐり、大御所関孝和《おおごしょせきたかかず》の関流と最上流の論争が長く続いた。奉納算額とは一種の絵馬《えま》で、村山地方に奉納絵馬が多いのは、会田安明の最上流の影響に拠るところが大きいという。安明は江戸で多く門人を育て、多くの著作をまとめたが、独立した後は一度も山形に帰ることはなかった。しかし文政七年（一八二四）、高弟の斎藤尚《しょう》仲《ちゅう》を山形に遣わし、最上流の普及を図っている。門人は福島・長野など各県にもみられたが、特に山形地域での最上流の伝統と広がりは大きかった。

美濃派俳人
小林風五《こばやしふうご》（？〜一七九一）

小林風五の墓

先祖は、山形城主最上義光《よしもり》の父義守の御殿医として、下野国足利《あしかが》から招かれた小林七郎右衛門玄端《げんたん》であると伝わる。子孫は薬種商を営んでいた。風五は江戸中期の山形を代表する俳人で、代表作に『水蛙集《すいあしゅう》』や『俳諧百首』などがある。特に指導をうけた師匠はなかったが、美濃派《みのは》の直門として地位を確立したのは、明和二年（一七六五）、美濃派第四世雪炊《せっすい》が出羽行脚《でわあんぎゃ》の際に入門した後とみられる。俳壇においては、天明六年（一七八六）、美濃派第四世の七回忌にあたり、追悼《ついぜん》俳座を主催し、その句集『雪炊庵先師七回忌追善朧影』を江戸の書店から版行したことで知られる。隠居後、「俄貧家《にわかひんか》」と称した風五は、俳諧ばかりでなく、和歌・川柳《せんりゅう》・漢詩についても造詣が深く、また熱心であった。平易の中に、繊細な詩心を詠んだものも多く、広く庶民に親しまれる要素の一つともなっていた。

山形花笠祭り

八月五〜七日、山形市内のメインストリート（十日町角から文翔館前）で山形の夏を彩る。また東北を代表する夏まつりの一つとして全国的に親しまれており、今では三日間の人出も百万人という大きなお祭りとなった。

グループごとに統一された衣装。紅花をあしらった花笠。華やかに彩られた蔵王大権現の山車を先頭に、「ヤッショ、マカショ」の勇ましい掛け声と花笠太鼓が高らかに真夏の夜に響き渡り、あでやかな衣装に身を包んだ一万二千人の踊り手の躍動感あふれるダイナミックな踊りと、やまがたの花である『紅花』をあしらった笠の波がうねり咲きこぼれる。

花笠祭り（山形市観光協会）

第二章 山形藩の成り立ち

最上義光は五十七万石の大大名となり、山形城下の築造と領国経営を行った。

① 最上氏の領国支配

最上氏の大領国の支配では、重臣となったかつての城持たちが温存された。
新しく支配地となった庄内の開発が強力に進められ、
北楯大学堰はその典型。

五十七万石の実際

関ヶ原戦後の慶長六年(一六〇一)、最上《もがみ》氏の所領は大増封となったが、徳川家康の朱印状《しゅいんじょう》がないので、公認された石高《こくだか》は不詳である。また統一した検地《けんち》も行われていないため、全体の石高表示は不可能であり、あったとしても予想高であった。庄内・由利地方に統一検地が実施されたのは、最上氏時代に入った後の慶長十六、十七年である。

そこで最上氏の石高については、慶長十六年の『禁裏御普請帳《きんりごぶしんちょう》』には、最上出羽守《でわのかみ》、二十一万石とあって、普請の負担対象は表高二十一万石であった。しかし『徳川実紀』には、元和三年(一六一七)五月、義俊《よしとし》の家督相続に際して先代家《いえ》親《ちか》の遺領は五十一万石とし、元和八年八月の最上家改易《かいえき》にあたり、収公した城地は五十七万石と記されている。最上氏の石高は、これに統一しておきたい。この五十数万石も表高である。『義光家中分限帳《よしあきかちゅうぶげんちょう》』によると、家臣の知行地《ちぎょうち》は五十八万七七七四石、蔵入地《くらいりち》・寺社領を含む総高は七十五万三九三〇石となっている。これらも表高とすれば、実高は俗にいわれた「最上百万石」に近かったといってよいであろう。

最上氏所領のうち、直接藩が貢租《こうそ》を取得する蔵入地は、はじめ内陸では、谷地《やち》領三万石余と溝延《みぞのべ》・左沢《あてらざわ》地方、庄内では櫛引《くしびき》郡三万三千石余と川北一万千石余が中心であった。のちには酒田・清水・新庄・真室《まむろ》川の各地域も加えられている。蔵入地は藩の直轄地で、領内でも重要な地域に設定され、財政基盤を強化するため、諸藩では次第にこれを拡大した。最上氏の場合もそれはみられるが、しかし最終的に蔵入地総高は約二十万石で、全体の三五パーセントであり、家臣の知行地の割合が非常に高いことが知られる。

城持衆と軍役

最上氏家臣の総勢は約一万人といわれたが、『義光家中分限帳』によると、まず百石以上が四五七人、ほかに馬上一二三六騎、弓五六二張、鉄砲二二六〇挺、鎗五九三六本とある。馬上以下の数には「庄内分」も含まれているので、それ以外が山形城下に屋敷をもつ最上氏の直属家臣とみられる。上級家臣から足軽に至

山形藩最上氏の村山最上郡内城館分布

	【単位:石】
山　形	
上　山	21,000
成　沢	17,000
谷　柏	4,000
長谷堂	13,000
若　木	2,000
岩　波(岩浪)	3,000
山　家	3,000
青　柳	2,000
山　辺(山野辺)	19,300
高　楯(高館)	2,500
畑　谷	6,500
長　崎	7,000
高　擶	4,000
蔵　増	3,000
寒河江	27,000
白　岩	12,000
谷　地	4,000
左　沢	2,300
五百川(芋川)	2,500
八　沼	2,800
東　根	12,000
楯　岡	16,000
飯　田	7,000
富　並(留並)	3,000
延　沢(野辺沢)	20,000
大石田	2,000
牛房野	2,000

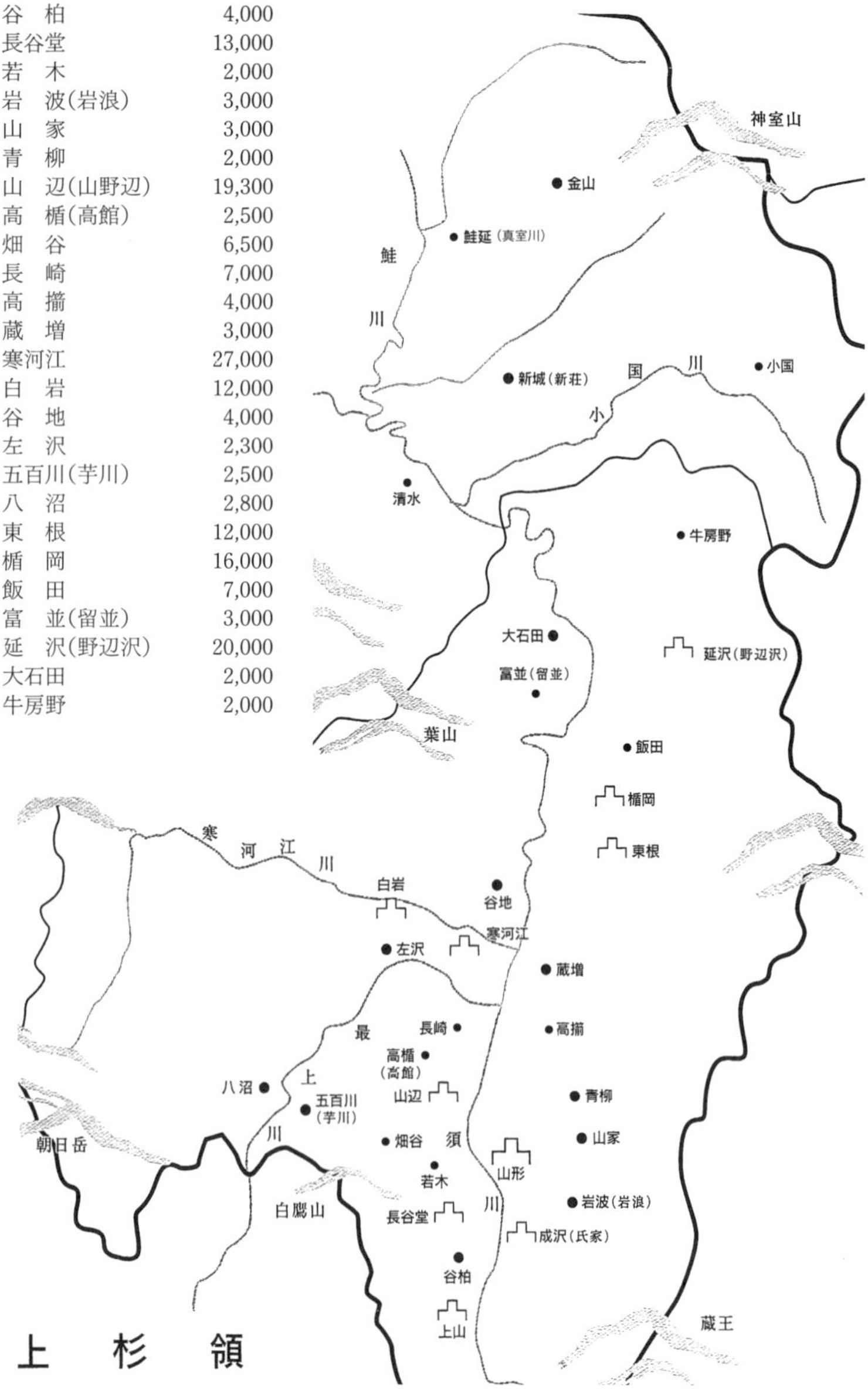

る山形家臣屋敷は広大なものであった。

ところでいわゆる上級家臣は、知行千石以上は六五人、一万石以上は一五人にのぼる。特に一万石以上の家臣は「城持衆《しろもちしゅう》」ともよばれ、領内各地に城塞を残し、知行高に応じてそこに陪臣《ばいしん》を抱えていたのである。『最上義光分限帳』によってその主なものをみると、本庄豊後守《ほんじょうぶんごのかみ》（由利）四万五千石、志村九郎兵衛（酒田）三万石、清水大蔵大輔《おおくらのたいふ》（清水）二万七千三百石、大山内膳正《ないぜんのしょう》（大山）二万七千石、寒河江肥前守《さがえひぜんのかみ》（寒河江）二万七千石、上山兵部大夫（上山）二万一千石、野辺沢遠江守《のべさわとおとうみのかみ》（延沢）二万石、山野辺右衛門大夫（山辺）一万九千三百石などであった。

上級家臣には石高に応じて軍役《ぐんやく》★が割り当てられた。そこで分限帳にも、たとえば本城氏の場合は、馬上九〇騎、鉄砲二二〇挺、弓五〇張、鎗五四〇本、山野辺氏については、それぞれ四〇騎、一〇〇挺、二五張、二五〇本と記されている。城持の場合、陪臣の数も多かったことは当然である。

鮭延越前守《さけのべえちぜんのかみ》（真室川）は一万千五百石であったが、「鮭延越前守侍分限帳」によると、その家臣は一族老臣衆・譜代《ふだい》衆・旗本《はたもと》衆などに分けられ、総数一五七人となっている。一族老臣衆は七百〜一千石の知行を与えられ、平岡・合海《あいかい》・金山・及位《のぞき》などの館持《たてもち》で、館主はまたそれぞれ家来をもっていたことが知られる。

最上氏直属の家臣団も大きく山形城と庄内の鶴岡城に分けられている。もちろ

▼軍役
狭義には戦陣役、広義には幕府に対する普請役や江戸詰めも含む。

ん山形が中心であるが、庄内分をみると馬上二四二騎、弓九二張、鉄砲四二二挺、鎗一一五一本で、それぞれ全体の約二割弱にあたる。義光は鶴岡城を自分の隠居城と定めて、その建設計画を行ったとも伝えられるが、政治・軍事上も庄内をいかに重視していたかの表れであるともいえよう。

開発と検地

江戸幕府のもと、最上義光は山形藩主として五十七万石の領地を支配した。義光は広大な領地を掌握するにあたって、慶長十六〜十七年(一六一一〜一二)にわたり検地を実施している。しかし対象は庄内・由利地方で、以前から最上氏領であった村山地方(当時、最上地方)で実施された事実はみられない。庄内・由利地方は最上氏にとって、一族や館持の上級家臣の多い村山地方と異なる新領地であることから、支配の徹底を狙ったものとみられる。

庄内地方の慶長十六年検地帳は、一筆ごとに束刈《そくがり》数・年貢《ねんぐ》高で表示したが、年貢高に上・中・下・下々の等級を採用し、一〇〇束刈に対し、川北《かわきた》九斗一升、川《かわ》南《みなみ》★六斗五升の基準を設けている。家屋敷の年貢高は棟役《むねやく》で表したが、近世的な統一を図ったことが知られる。また一斉検地帳には、それまで村ごとにみられた新田検地や「改出《あらためだ》し」などが整理されており、正確な石高を打ち出そうとした

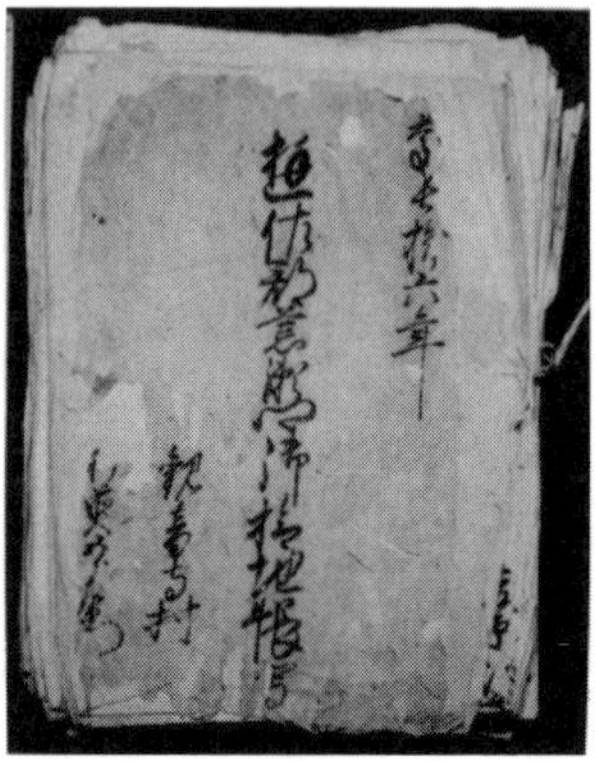
慶長十六年検地帳

▼川北・川南
庄内のうち、川北は最上川の右岸、近世のはじめ遊佐郡、のち飽海郡。川南は最上川の左岸、はじめ田川郡、櫛引郡、寛文四年の二郡制により田川郡に統一。

ことがわかる。ただし米のほかにも、漆・蠟・炭・塩・鮭など各村に応じて小物《こもの》成《なり》も書き上げられている。

『最上義光分限帳』によれば、総石高七十五万石余とあるが、この中には特に庄内・由利地方の出目高《でめだか》★や新田高が含まれたことが知られる。また最上氏の蔵入地（直轄地）は十七万石余で、そのうち庄内に三分の一の五万石余がある。庄内・由利地方の検地役人は、酒田亀ケ崎城主の志村伊豆守《いずのかみ》を奉行として、日野備《びっ》中守《ちゅうのかみ》、進藤但馬守《たじまのかみ》が指揮にあたり、日記付・算用《さんよう》・目先《めさき》などには亀ケ崎城下の家臣があたっている。由利地方でも、在地の役人は介在させない徹底的なものであった。

新田高などを多くだしたのは、特に庄内地方の急速な開発の進展によるものである。庄内では室町期末にも川北の大町溝《おおまちこう》など堰の開削がみられるが、大規模な開削は慶長年間以降である。まず鶴岡の西北を流れる青龍寺川《しょうりゅうじ》は人工河川で、約二〇キロの長さがあり、旧朝日村（現・鶴岡市）の熊出《くまで》で赤川から取水するが、慶長年間に土豪工藤掃部《かもん》によって計画・開削されたと伝えられている。赤川左岸の青龍寺川に対して、右岸に開削されたのは因幡堰《いなばせき》・中川堰であった。鶴岡城代新関因幡守《にいぜきいなばのかみ》の指揮によって開削された因幡堰は、慶長十二年に、中川堰は元和元年（一六一五）に工事を開始したとされるが、その完成は酒井氏時代の元禄期（一六八八～一七〇四）であった。

▼出目高
本検地の石高より、増加した分の石高。

北楯大学堰の開削

また大堰（北楯大学堰《きただてだいがくせき》ともよぶ）は、狩川《かりかわ》城主北楯大学が、狩川を中心とする広大な原野を開発するために、清川近くで最上川に入る立谷沢《たちやざわ》川の上流で取水し、まず山沿いに堰を切り、平野部に水を運ぶもので、着工は慶長十二年であった。工事人夫は庄内全域と由利郡からも動員するという大掛かりなものであった。

大堰の開削については、最上氏重臣の中にも、初めは反対者や慎重派もあって順調に進んだわけではなかった。しかし開削が始まると、北楯大学守利長を総指揮者として、難事業も急速に進んだ。山形からも普請見廻人や開削技術者を派遣し動員体制を強化したが、最上義光自身もその推進に熱心であったことが、北楯大学宛の義光書状などから知ることができる。義光は京都や江戸の旅先からの書状の中で、「山川を削って堰を通すのは大変であろう。八幡宮に願をかけたというが、それは末世の宝（鏡）である。狩川の者たちに参詣するよう申しつけてほしい。昼夜兼行の普請、野営のことなどが心配で手紙をしたためた」。など、それは心の籠ったものであった。書状の年代は慶長十六年（一六一一）頃のものとみられるが、未詳である。やがて大堰が完成すると、これまでの古田の水は安定し、新しく一八カ村の新田村ができたのである。

北楯大学堰

② 領国経営の展開

大領国にふさわしい城下の拡大と整備、商人町・職人町は三〇町を数えた。領国内の大動脈としての最上川水運の開発を図る。寺社の保護、文化の振興にも熱心であった。

城郭の拡大

山形藩の初代藩主となる最上義光は、最上氏の始祖である斯波《しば》兼頼《かねより》から数えて、十代または十一代ともいわれる。その拠点は代々山形にあったから、当然戦国期には義光以前にも、山形の城郭建設が進んでいた。特に天正十年代に義光の村山地方全体の領国化がみられたので、城郭の拡大も図られたであろう。それは義光が文禄元年(一五九二)、同二年頃、豊臣秀吉《とよとみひでよし》の命令による朝鮮出兵のため、待陣中の肥前国名護屋《なごや》から山形の家臣蔵増大膳亮《くらぞうだいぜんのすけ》・伊良子信濃守《いらこしなののかみ》に宛てた書状からも知られる。

これらの書状は、確かに山形城の普請について指示した内容となっているが、のちの山形藩五十七万石の城郭および城下町として完成する、城郭や堀そのものの普請とみることはできない。

山形藩の城郭および城下町の本格的な建設についての記録はない。しかしそれは、これまでの城郭を基本としながら、大藩の軍事・政治の拠点として、新しく拡張・整備する設計に基づいて、慶長末年頃に完成したとみるのが妥当であろう。

山形城は馬見ヶ崎《まみがさき》川の扇状地の末端に位置し、最上氏時代に完成した城郭は、本丸の大きさが東西・南北とも約一五〇メートル、二の丸は約四五〇メートル四方、三の丸は東西約一六〇〇メートル、南北約一九〇〇メートルの広大な面積の平城《ひらじろ》である。天守閣《てんしゅかく》はないが、堀・土塁《どるい》とも完全に一周した同心円状の形態をなしていた。「最上氏時代城下絵図」によると、二の丸には厩《うまや》・倉庫のほか、大名の近臣の屋敷がおかれている。二の丸に東大手門など四門、三の丸には東大手門など一一の城門が設けられていたが、各門の入口付近の内側に、宿老《しゅくろう》など重臣の広い屋敷が配置されている。たとえば、二の丸大手門外には氏家《うじいえ》左近《さこん》丞（天童）、南大手門外に上野山兵部大輔《ひょうぶのたいふ》、また三の丸大手口に大山筑前守《おおやまちくぜんのかみ》、横町口に鮭延《さけのべ》越前守《えちぜんのかみ》などがおかれた。庄内・由利の城将も、上・中級家臣の全体の屋敷割計画に基づいて配置されたのである。

侍屋敷は城内のほか、下級家臣の場合は、城下町のさらに外側の郭外《かくがい》にもおかれた。たとえば東部の小姓《こしょう》町・歩《かち》町・弓町、南部の鉄砲町などである。

山形城三の丸の規模と形態は、最上氏の改易以後もほとんど変わっていない。その後幕末までの間に変わったところは、二の丸東南角のかたちが、最上氏時代

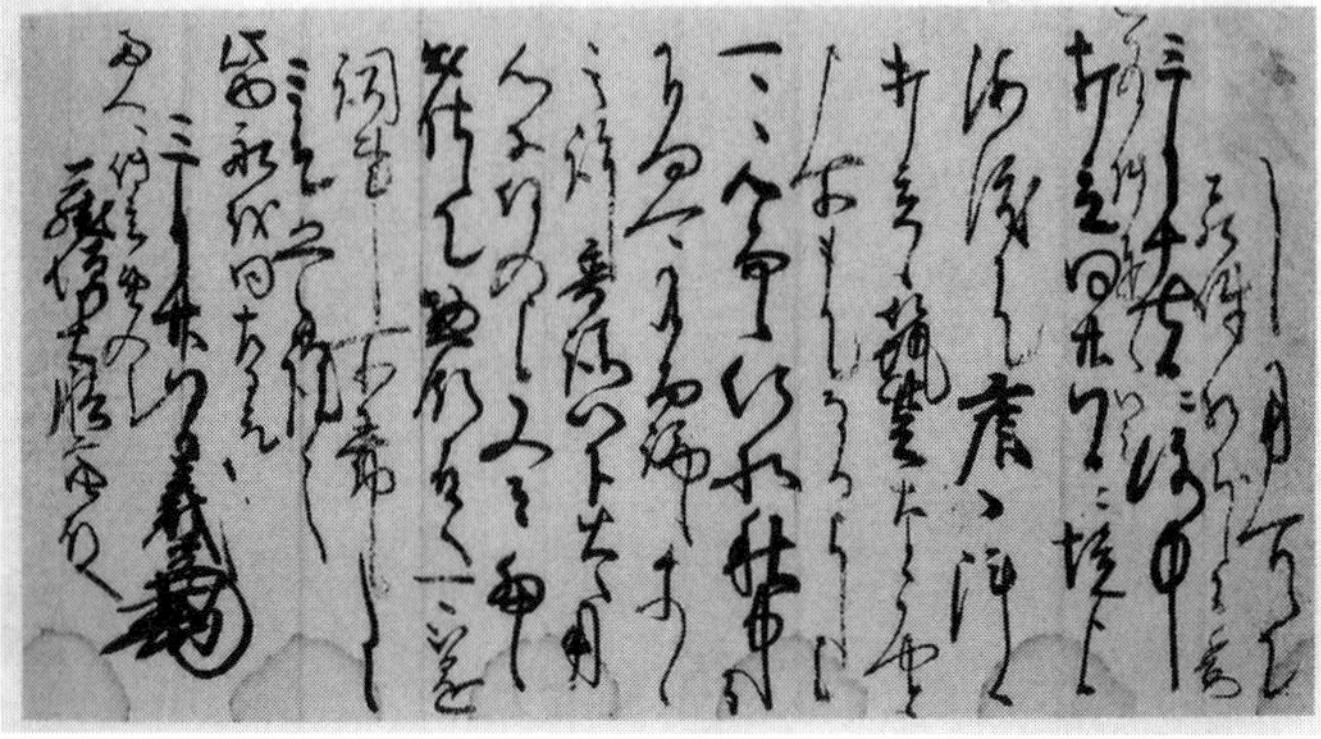

最上義光蔵増大膳亮宛書状

には丸みをおびていたものから、直角になったこと、もう一つは、城下町北部の中を流れていた馬見ケ崎川（旧山形県庁付近、のちの八ケ郷堰）を、盃《さかずき》山を削って、その流路を北方に変えたことである。これらの一部城下町の改造は、鳥居《とりい》氏入部後の元和九年(一六二三)頃で、幕府に提出した正保年間(一六四四〜四八)の山形城下絵図にみることができる。ただし山形城下の侍屋敷、または郭内の武家地は幕末まで変化はないが、大名石高の縮小で家臣数は半分以下に減少した。そこで郭外の武家地は、最上氏以後、つまり江戸時代の大部分は藩士の住むところではなくなっていた。これは、仙台や米沢などの城下と違うところである。

三〇町の町人地

山形城下の町人町は、江戸時代を通して三〇町を数えたが、そのほとんどは最上氏時代に成立した。城下町には南北に走る羽州《うしゅう》街道を取り込み、その街道沿いに南から五日町・八日町・十日町・七日町など市日を冠した町が並ぶ。中心部は東大手門前の七日町であるが、羽州街道に併行して、東部に職人町がおかれた。檜物《ひもの》町・銀《しろがね》町・桶《おけ》町・蠟燭《ろうそく》町・塗師《ぬりし》町などで、鍛冶《かじ》町・銅町などは北部郊外近くにおかれている。

城下町山形は、家臣が集住する軍事都市としてつくられたが、また政治・経済の中心でもあった。そこで羽州街道のほか、諸街道が四方に発達している。それらは、仙台に通ずる笹谷《ささや》街道、庄内に通ずる六十里越《ろくじゅうりごえ》街道、また置賜の荒砥《あらと》方面への狐越《きつねごえ》街道などで、いずれも山形を起点としていた。

　城下町の規模は、大名の石高に応じた家臣の数に準ずるもので、上杉氏三十万石の米沢城下町は一九町、酒井氏十四万石の鶴岡城下町は一四町であった。城下町は軍事的・政治的な要請を優先して短期間につくられたが、経済的な条件もなければ維持することは難しい。山形の場合は、最上氏が二十年余で改易となり、その後に石高で半分以下の鳥居氏が入封している。

　山形城下の各町の運営をみるうえで注目されることは、その成立期から村々と同様に、田畑にかかる石高をもっていたことである。たとえば七日町四一二石余、十日町九三五石余など、城下町全体で二万五千石余に上り、これは江戸時代を通して変わらなかった。これらの田畑は山形城下町の周辺にあって、また散在していた。この状態は、全国的にみても珍しいことである。これは城下町建設期の事情を反映したものとみられる。つまり、山形城下町の建設が周辺の開発と同時に、城下町の町人

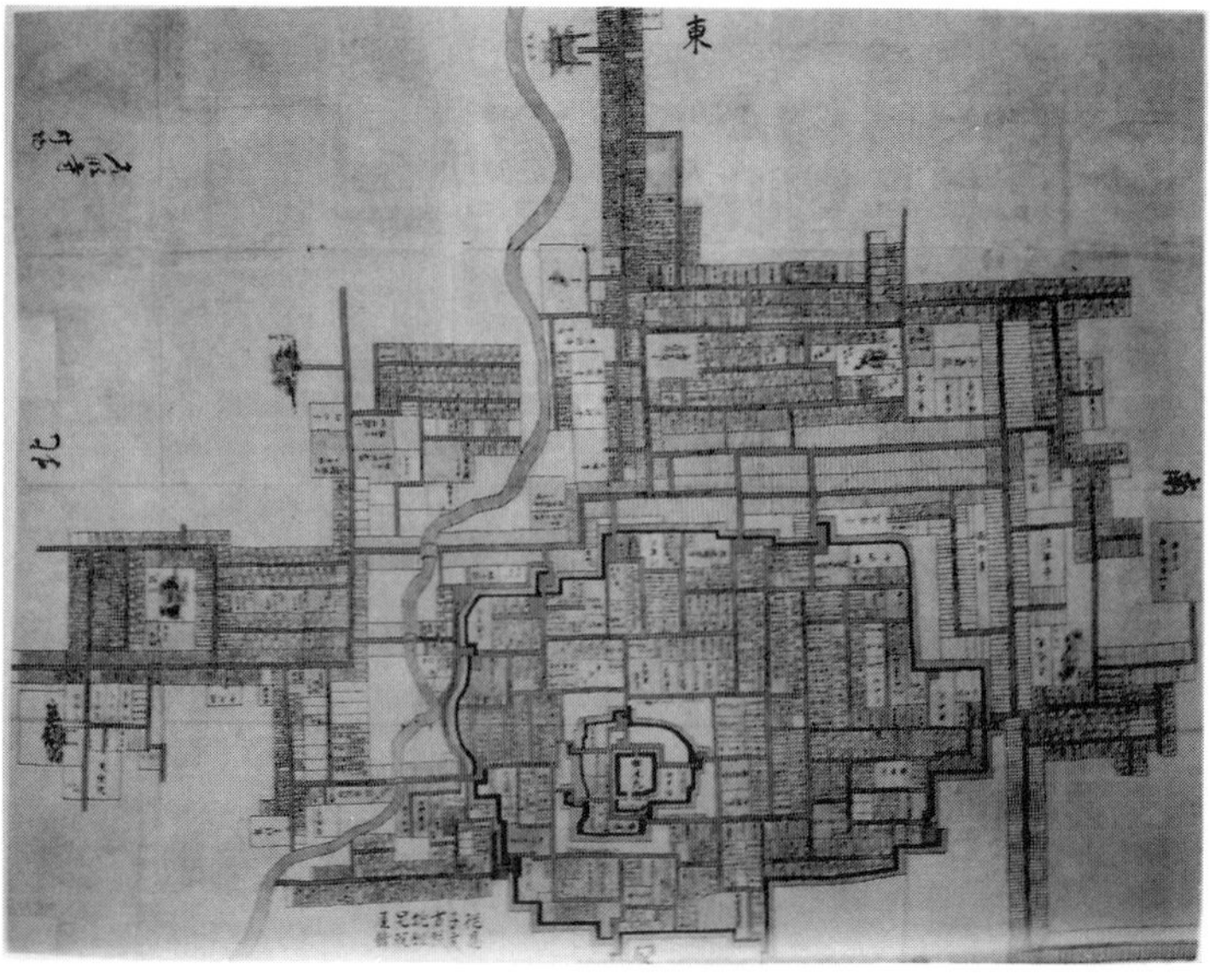

最上氏時代の山形城下絵図（七日町・光明寺蔵）

も参加して進められたことを示すと考えられる。山形城下町を流れる笹堰・御殿堰・八ケ郷堰が、特に周辺農村だけでなく、城下町人にも深い関係があったのはそのためである。

最上川水運の開発

最上義光は領国一体化のため、内陸と庄内を結び、また酒田を全国経済の中継地とするため、最上川水運の開発を進めた。まず村山郡内で、水流の落差が大きく、最上川最大の難所といわれた碁点《ごてん》・三ケの瀬《みかのせ》・早房《はやぶさ》の開削で、夏の渇水期の工事は三、四カ年にわたったといわれる。その年代は、河岸町《かしまち》の整備などと一連の事業として考えるのが妥当であろう。

つまり慶長十年代になると、大石田・船町などが、最上川水運の拠点である河岸町として整備されたことが知られる。ここは最上の清水とともに、江戸時代を通して最上川の三河岸として特権を保持したところである。最上川を下る物資には米や漆蠟などがあったが、登《のぼ》せ荷《に》には塩や塩魚などの海産物などが多く、山形の肴《さかな》町はそれで発達した。またこの頃に酒田港も整備された。最上氏の支配となる以前の酒田は、酒田港町と東禅寺《とうぜんじ》城下とは区別されていた。それが最上氏の所領となり、重臣の志村伊豆守《いずのかみ》が東禅寺城主になってから、まず城名も亀ケ崎城

最上川三難所
（最上川筋絵図・致道博物館蔵）

と改め、新たに町割《まちわり》や道路の整備を行うとともに、港町と城下町の一体的整備が図られた。「三十六人衆」の中でも豪商として活躍していた二木《ふたぎ》（加賀屋）与助《よすけ》や永田勘十郎などは御用商人となり、沖口銭を徴収する代官的商人に変わった者もみられる。自治的な港町の変質であった。

文化人としての最上義光

出羽に覇をとなえた最上義光は、政争に絡んで、残虐とみられる行為が多かったことから、武将としての側面のみが強調されやすい。しかし義光は、信仰心も篤く、文芸を嗜む文化人であった。

山形の中世、戦国期の文化の拠点は、最上氏の祖斯波兼頼の菩提寺《ぼだいじ》光明寺《こうみょうじ》であった。光明寺★には応永七年（一四〇〇）頃に、京都で有名な連歌師《れんがし》朝山梵灯庵《あさやまぼんとうあん》が来訪するなど、すでに京文化との交流の深かったことが知られる。その後、義光は、「一遍《いっぺん》上人縁起絵巻」を京都の絵師狩野宗秀《かのうむねひで》に描かせ、これを文禄三年（一五九四）同寺に寄進するなど、光明寺の文化環境の充実は進んでいた。山形城下における光明寺の位置は、最上氏時代は三の丸内にあった。鳥居氏が入封したのち、郭外の現在地（山形県七日町）に移されたが、寺領は城下町の寺院中最高の一七六〇石で幕末に至っている。

▼光明寺
時宗、最上家始祖、斯波兼頼の菩提寺、江戸期を通じて寺領千七百石。

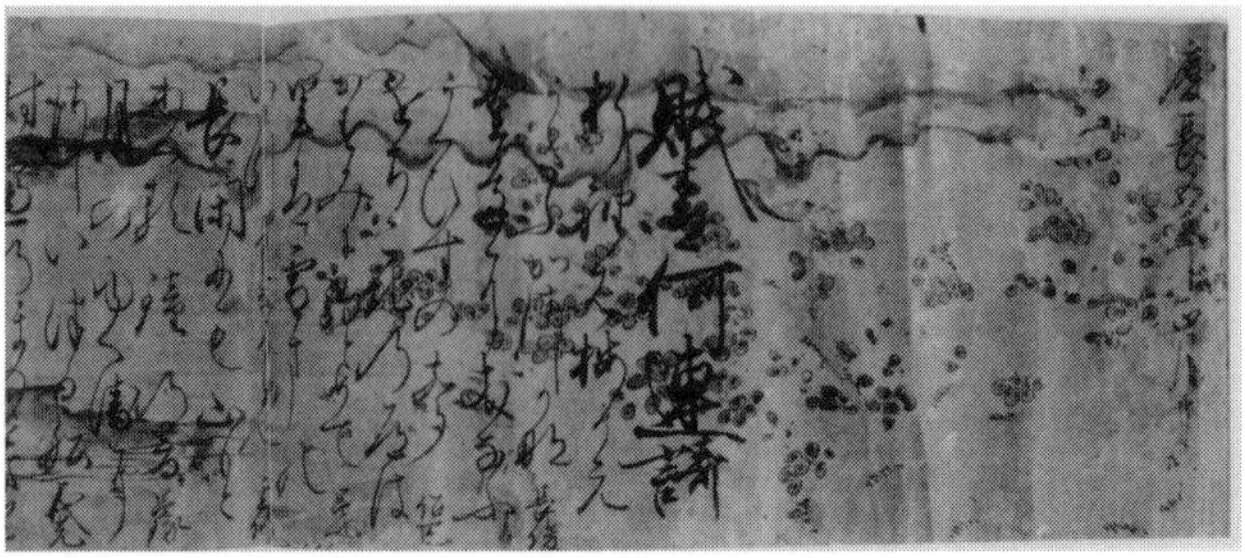

賦春何連歌

文禄から慶長初年の政局転換期に、義光も京都・伏見との往来が多かったが、政治外交の合間に、連歌の会への参加も熱心であった。義光が参加した連歌の会は、文禄二年六月の「百韻《ひゃくいん》連歌」をはじめ、慶長二年(一五九七)八月、同三年四月、同五年正月のものが知られる。「百韻連歌」には、義光が発句《ほっく》とともに九句を詠み、連歌師の第一人者里村紹巴《さとむらじょうは》★も加わり、最上家家臣の江口光清《えぐちみつきよ》などの名もみられる。また慶長二年の会では、一座一四人の中に里村紹巴をはじめ、堂上《どうじょう》文人といわれる人々、文化大名の前田玄以《まえだげんい》・細川幽斎《ほそかわゆうさい》なども同座していた。

慶長五年九月は、関ヶ原の戦いの出羽版といわれる最上氏と上杉氏の合戦が行われた年である。この年正月、最上義光は京都で越年し、一流の連歌師・文人、大名らとともに詠んだ「賦春何連歌《ふすはるなにれんが》」の作品が知られる。当時連歌を詠むためには『源氏《げんじ》物語』などの古典文芸の理解が基礎とされていた。義光なども、京都滞在の際に連歌師の指導をうけたのは当然であるが、光明寺を中心とする山形の文化環境の中で、その素養が培われていたものであろう。

京都で連歌宗匠として知られた一花堂乗阿《いっかどうじょうあ》★が、慶長八年五月、最上義光の求めに応じて、光明寺の住職となるため山形に下向している。義光は上洛中に、乗阿より『源氏物語』などの指導をうけたとされているが、山形に下った当時、乗阿は七三歳であった。近年、片桐繁雄氏などにより発見・紹介された「最上下向道記」(写)によって、乗阿が山形に下向を決心した事情や京から山形までの旅

▼里村紹巴
室町・戦国期、京都の一流の連歌師として、貴族・武将を指導。

▼一花堂乗阿
歌道にも優れた名僧。家康も伏見に招聘。

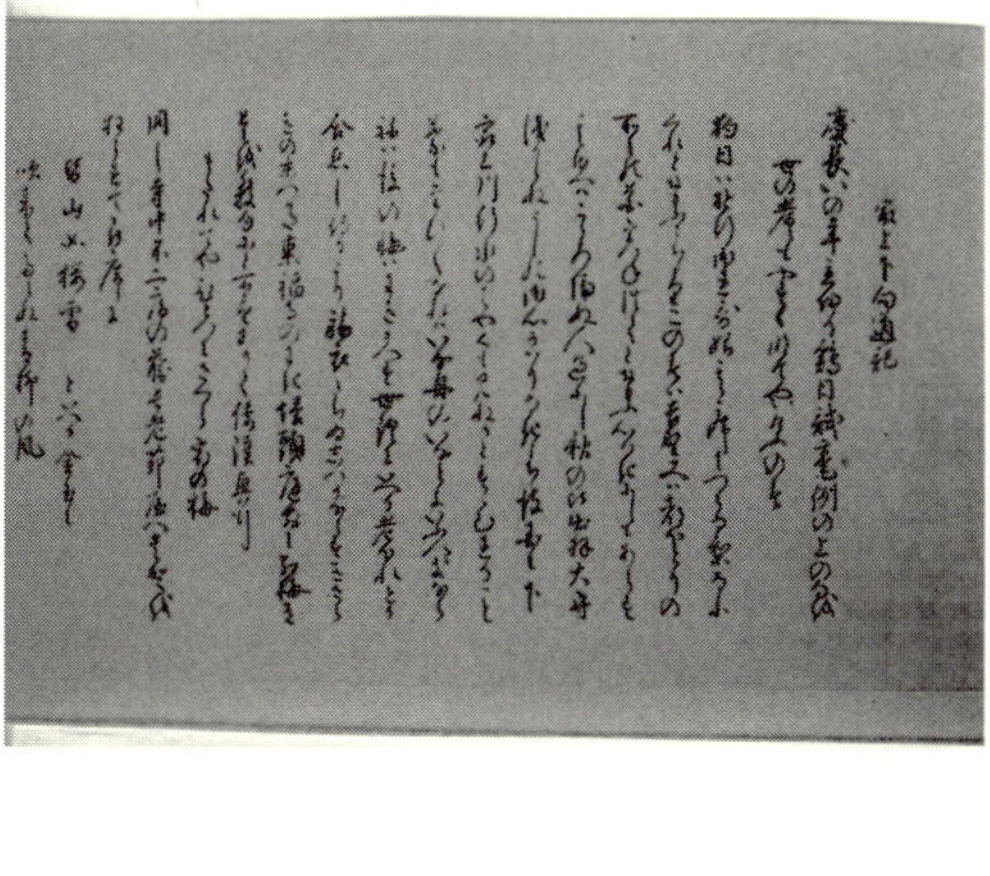
最上下向道記

の実際も明らかになっている。慶長八年は徳川幕府の始まる年であるが、五十七万石の山形藩主最上領も建設途上であった。その意味で、「道記」の文章は簡略であるが、史料的にも注目すべきものである。越前国敦賀《つるが》から日本海沿いを北上するが、一部船に乗るほかはほとんど街道を通り、馬や駕籠《かご》を使っている。途中連歌の会を催したりして、鶴岡を通り、最上川は船で上ったとあるが、乗船地や上陸地は記していない。乗船は、清川から大石田までとみられる。山形に着くと、太守の義光が自ら出迎えに来てくれたことに感銘したくだりもあって興味深い。

高齢の乗阿が、京都から山形まで遠路はるばる下向したことには、山形の人々の驚きも大きかったであろう。乗阿は足かけ三年、光明寺★の住職をつとめて京都に戻るが、その後も文芸活動を続け、八九歳で亡くなっている。

慶長十年前後の山形藩は、大領国の開発や山形城下町の拡張・整備の面でも建設途上にあった。大名最上義光はそれらを強力に進めたことで知られるが、文化・宗教の面でも、自ら学び、またその振興のために積極的であったことは、乗阿の山形招請にもみられるといえよう。

寺社の復興と保護

最上義光は領内の統一と人心の安定を図り、旧来の寺社の保護にも熱心であっ

▼光明寺
時宗。最上家始祖・斬波兼頼の菩提寺。江戸期を通じて寺領千七百石。山形市七日町。

た。東北では平泉の中尊寺《ちゅうそんじ》に次ぐ大寺の一つ寒河江の慈恩寺《じおんじ》★は、寒河江庄の鎮守として地頭大江氏のもとで栄えたが、戦国期には荒れ果てていた。江戸幕府下の大名となった義光は、堂塔の修理を行い、慶長十三年（一六〇八）に三重塔を建立している。また、鎌倉・室町時代に修験道《しゅげんどう》で栄えた庄内の羽黒山《はぐろさん》は、戦国期の動乱で諸堂塔は荒れ、一山滅亡の有様になっていた。庄内を手にした義光は、まず旧寺領の千五百石余を寄進し、慶長十年に羽黒山本殿、同十三年に五重塔を修理している。

山形城下の寺院の数は多く、七一カ寺を数えた。由緒のある光明寺や宝幢寺《ほうどうじ》（山形市）などは、はじめ郭内におかれた。また、城下町に入る主要な街道の入口や要地には、軍事的な目的などから大寺や神社が配置されていた。南の六椹《むつくぬぎ》八幡《はちまん》神社、六十里越口の龍門寺《りゅうもんじ》、北の鳥海月山両所宮《ちょうかいがっさんりょうしょぐう》神社・薬師《やくし》神社（国分寺）、東の笹谷街道口の天満《てんまん》神社、そして専称寺《せんしょうじ》を中心とする寺内町《じないちょう》である。

これらの中で特に最上義光とかかわりの深い宗派と寺院の一つは、専称寺教団であった。専称寺はもと高擶《たかだま》にあったが、義光はこれを山形に移し、亡き駒姫《こまひめ》の菩提寺としたのである。駒姫の生母天童氏は、高擶専称寺の近くの門徒衆であったと伝えられる。山形専称寺は、慶長元年に建てられ、二の丸近くにあったが、山形城の大拡張により、七日町の東方、城下町の外辺部にあたる八町四方の広大な敷地に移されたのである。ここに付近の村々から集められた寺内塔頭《たっちゅう》十三カ

▼慈恩寺
天台・真言両宗慈恩寺派、行基開山。鎌倉期、大江氏の庇護、江戸期、寺領三千石、東北では平泉中尊寺に次ぐ。寒河江市。

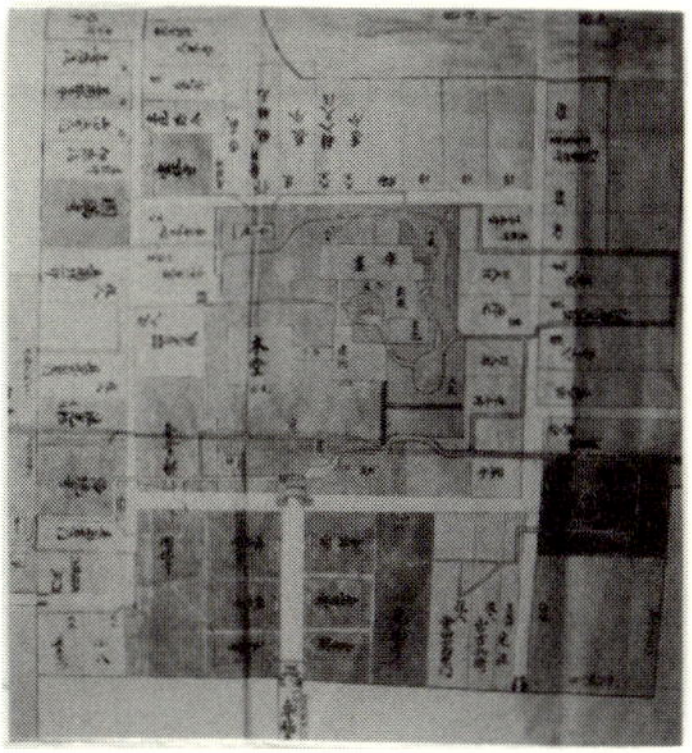

専称寺と寺内町（七日町・寺町図）

寺も建てられ、寺内町（寺町）がつくられた。本願寺末寺の中で、これだけ塔頭の多い寺内町は全国でも例がないといわれている。

もう一つは禅宗寺院の保護で、それは最上家が代々禅宗に帰依していたことによるものであった。初代斯波兼頼の菩提寺は光明寺で時宗《じしゅう》であるが、二代以後はすべて禅宗である。山形城下および近辺には、有力な禅宗寺院として金勝寺《こんしょうじ》（山形市山家）、法祥寺《ほうしょうじ》（山形市七日町）、龍門寺（山形市皆川町）などがある。義光は慶長元年、自分の菩提寺として、黒瀧向川寺《くろたきこうせんじ》★（大石田町）の九世春林禅冬《ぜんとう》を開山とする禅寺を創建し、はじめ慶長寺と称した。しかし幕府は、年号を寺名とすることを禁じたので光禅寺《こうぜんじ》（山形市）と改名している。これらの寺に多くの黒印地を与えて保護し、特に父義守《よしもり》の菩提寺龍門寺は百八十石であったが、光禅寺には二百五十石を与えた。

幕藩体制下になると、寺院も地域の中での本末関係が強められるが、山形城下町の有力禅寺は地域内にそれぞれ末寺をつくり、藩内の触頭《ふれがしら》としての地位を得たことも知られる。光禅寺は義光のほか、家親《いえちか》・義俊《よしとし》の菩提寺となるが、最上家が改易となり、鳥居氏が山形に入部すると、寺地は七日町から三日町に移されている。

▼向川寺
曹洞宗。十四世紀半ば、大徹宗令の開山。末寺四九カ寺。大石田町大字横山。

義光の墓（光禅寺）

③ お家騒動から改易へ

最上氏領内には、重臣の中に反主流派も多かった。
それが義光の後継者問題となり、嫡子義康の暗殺、二代藩主家親の変死の背景となる。
お家騒動が原因で、山形藩最上氏は三代二十年余で終わった。

反主流派の不満

代々山形を居城とした最上氏は、戦国末期から織豊期にかけて、奥羽では伊達氏に並ぶ一大勢力に発展しつつあった。村山・最上両郡を支配すると、最上川下流部の庄内地方も手中にすることを狙っていたが、慶長五年(一六〇〇)の関ヶ原戦後、五十七万石の大名となって、それが現実のものとなったのである。

しかし義光の大領国支配には、大きな課題も残されていた。それは領内に、旧来の外様《とざま》的城将をそのまま認めたところが多いこと、関ヶ原の戦いの論功行賞で取り立てられ増石された武将と、戦後の配置を不満とする武将とが対立していたことである。この不満分子には、かつて豊臣方に親近感をもつ者もいた。出世組は、長谷堂《はせどう》城主から酒田亀ケ崎城主となった志村伊豆守光安《いずのかみみつやす》や元上杉氏の城番《じょうばん》から最上氏に降り、大山城将となる下次右衛門吉忠《しもじえもんよしただ》、また野辺沢遠江守《のべさわとおとうみのかみ》もそのひとりであった。

これに対して、鮭延越前守や本庄豊前守は、かつて上杉方と境を接していたこともあって、徳川氏への服従に慎重な立場をとっていた。結果的には徳川方に属し、大領国下の城将配置に与ったが、徳川一辺倒に対する批判は、配置への不満分子と連動するところがあったのである。

大坂の豊臣方との関係については、清水大蔵大輔義親《しみずおおくらのたいふよしちか》や上山《かみのやま》の里見氏に対しても、旧縁を頼りに豊臣秀頼《ひでより》から密書が入っていたとの伝えもある。義光は徳川家康のもとへ二男家親《いえちか》を送る一方で、三男義親《よしちか》を秀頼に奉仕させていた。しかし義光と豊臣方との関係は、聚楽第《じゅらくだい》事件を契機に変わっていた。

幕府は秀頼討伐のため、慶長十九年十一月、大坂冬の陣を起こしたが、最上義光はこの年一月に没し、家督は二男家親が継いでいる。

嫡子義康の暗殺

大領国の経営が始まってまもない慶長八年(一六〇三)八月、最上義光の嫡子義康《よしやす》が暗殺されるという事件が起こった。豊臣方の息のかかった反主流派の武将たちが、義光を早く隠居させ、嫡子義康の擁立を図ったことに遠因があるとの見方が強い。

義康は長く部屋住みとして父義光に仕え、長谷堂合戦でも、最上氏側の団結と勝利を導く大きな力となるなど、傑物として評価も高かった。そこで反義光派の中から義康の治世を待望する声があがると、義光は義康の思い上がりとみて、これを憎むようになったのである。

この問題について義光が将軍家康に相談したところ、家康は家督のことは義光に任せるが、義康を廃して二男家親を立てるのが適当であることを示唆したという。この家康の教えの真偽は明らかでないが、義光の憎悪《ぞうお》が高まり、義康の幽閉を決意させたのは、義康に野心ありとの家臣原八右衛門による密告であった。

義康は父義光より、紀州高野山《こうやさん》に幽閉★を命ぜられ、近侍たちと悲しい旅立ちをしたが、途中、庄内の丸岡で、追手の家臣の銃撃にあい暗殺されたとされている。ただし一書によれば、幽閉は羽黒山で、丸岡の暗殺についても狩猟中に、一団の兵に襲撃されて死亡したとの異説もある。しかしどちらも暗殺に変わりなく、義康は慶長八年八月十六日、二九歳で亡くなったのである。

義光と嫡子義康の関係を疎遠にしたのは、義光の政策に反感をもつ反主流派の画策、つまり義康の擁立運動であったとみられるが、それは義康の幽閉・暗殺によって打ち消され、まず領内は平穏を取り戻した。

慶長八年は江戸幕府の開設の年で、その三月、徳川家康が征夷大将軍《せいいたいしょうぐん》になると、義光は京の伏見に参上している。創設したばかりの山形藩の建設は、まだ城

▼幽閉
捕らえて閉じ込める。拘禁。

義光山常念寺

下町拡張や庄内の新田開発も本格的には開始されていなかった。この年九月、義光は、君臣の和合を祈念して天童愛宕《あたご》神社を再建している。義康擁立運動にみられた重臣間の内紛が、強く義光の意識の中にあったのであろう。

義光は年数を経るごとに、義康の死を悼《いた》むようになった。山形に「義光山常《じょう》念寺《ねんじ》」を建て、また鶴岡の天翁寺《てんおうじ》を「鶴岡山円通院常念寺」★と改め、義康の位牌を安置して、その菩提を弔った。また慶長十二年、義康暗殺の場所とされる丸岡常楽院に精巧な弥陀三尊仏《みだ さんぞんぶつ》を祀り、深い供養の念を表している。義康は内紛の最初の犠牲者でもあったのである。

一栗兵部の反乱

義光の二男家親は幼少より江戸で徳川家に仕え、元服にあたり、家康の「家」の字を賜っている。義光の後嗣《こうし》は二男家親との見方が定まる中で、反主流派の家臣の間に不満が強まっていた。その結果、義康暗殺事件に発展したが、その後、義光存命中は大きな問題もなく推移していた。

しかし慶長十九年(一六一四)一月、義光が六九歳で波瀾の生涯を閉じ、二男家親が襲封《しゅうほう》すると、反家親派の動きが活発となった。庄内における一栗兵部《ひとつぐりひょうぶ》の反乱はそれを象徴するものであった。この事件は、庄内添川館主《そえかわだてぬし》の一栗兵部が、

▼常念寺
浄土宗。義光は嫡子義康の菩提を弔うため寺号を改め、慶長十六年、知行百石寄進。山形市材木町。

同年六月、酒田の亀ケ崎城主志村九郎兵衛光惟《みつただ》（光安の子）や大山の尾浦城主下《しも》対馬守秀実《つしまのかみひでざね》などを殺害したものである。志村九郎兵衛らは、鶴岡城代新関因幡守《にいぜきいなばのかみ》の招きで鶴岡に向かう途中であり、殺害された者には、志村の老臣進藤但馬《たじま》、下対馬守の子治右衛門《じえもん》などの面々も含まれていた。この事件は綿密な計画によるものとみられ、殺害の対象となった者は、最上家諸将の中でも家親のもとで体制固めを進めつつある主流派の先鋒であった。

　これに対して一栗は、最上家を継ぐのは家親ではなく、弟義親であるとしていた。一栗は、もと義光夫人の生家である奥州大崎の斯波氏の家来で、岩出山《いわでやま》城主氏家《うじいえ》弾正《だんじょう》の支族にあたるものである。天正十八年（一五九〇）、主家が豊臣氏に滅ぼされたのち氏家氏は伊達氏に仕え、一栗は一栗城を捨てて出羽に逃れ、最上氏に仕えていた。同じ氏家でも、先の家系とは別に、古くから累代最上家の重臣をつとめた家柄もあり、それは義光台頭期の参謀氏家尾張守守棟《もりむね》の系統である。その後、子孫の左近丞光氏《さこんのじょうみつうじ》は、義光の三女竹姫を妻として、最上氏治政の重要な側近のひとりとして仕えたが、義光亡き後は、家親の治政に不満をもつようになっていた。

　一栗の反乱は、新関因幡守の一軍によって抑えられたが、その背景に、反家親派の根強い動きがあったのである。それには一栗の反乱以前に山形近隣で起こったものとして、上山城の里見一族の脱走一件がある。また一栗事件の後、最上家の老臣といわれた成沢道忠（氏家左近丞の父）が仙台方面に逃れ、松島に潜伏し

清水城跡

たのち、子孫が帰農するという一件も起こっている。

家親、庶弟義親を討つ

一栗兵部の反乱からまもなく、最上家親は庶弟義親を滅ぼした。清水城はもともと最上義光が、領地拡大を図り、庄内進攻のため、最上川の要衝に設けた前進基地であった。初めは成沢氏を派遣していたが、五十七万石の領地拡大に伴い、義光は三男義親を、知行二万七千三百石を与えてここに配置したのである。この石高は領内武将の中で、本庄豊前守・志村伊豆守に次いで高いものであった。

ところで義親は、家親と兄弟の関係にあるが、豊臣政権のもとで、夫人とともに大坂へ人質《ひとじち》にだされ、その後秀頼の側近として仕えている。兄家親が徳川家康に近侍したのに対し、義親は豊臣方に親近感をもっていた。すでに豊臣政権は滅び、江戸幕府の時代になっても、最上氏武将の中での豊臣方と徳川方の対立問題は、完全に解決しないまま続いている。その理由の一つが、反主流派の義親支持であることは、義光も認識していたであろう。ただし義光存命中は、この問題も表面化しなかった。

慶長十九年(一六一四)九月、二代将軍徳川秀忠《ひでただ》は、大坂攻めのため、最上家親に対して兵二〇〇〇人の出動を命じている。翌年五月、大坂夏の陣でも同様に、

清水城主の墓

出陣の命が下された。家親はこの命に応じたが、いずれも江戸詰めの奉仕にとどまった。

大坂の陣に出発の後、家親は領内の反乱を危惧して、清水城攻略を決心している。元和元年(一六一五)十月、腹心の野辺沢遠江守・日野将監《しょうげん》を中心とする兵一八〇〇人余が、最上川筋と月山麓方面との二手に分かれて攻撃を開始した。義親は防戦も及ばず自刃し、嫡子義継《よしつぐ》も山形に抑留されたのち殺されている。

家親の変死

最上義光の後嗣をめぐっては、すでに義光の生存中から重臣の間に根強い対立があったが、家親の家督相続とともに、それが一気に表面化したことは前述の通りである。義親自刃から二年後の元和三年(一六一七)三月、家親は城中で急死した。三六歳の働き盛りであった。その原因についてはいろいろの風評がたっている。一つは楯岡《たておか》甲斐守《かいのかみ》の屋敷でご馳走になった後、帰城してまもなく苦しみ、その夜に絶命したとするもの、これとは若干異なり、能楽を楽しみ、食事をした直後に腹痛を起こして死亡したとする毒殺説、もう一つは侍妾によって寝室で刺殺されたとする刺殺説などである。

家親は幕府とは縁が深く、それは、慶長二十年(一六一五)正月、三河国岡崎で家康の鷹狩りにお供したり、坂紀伊守を遣わして黒馬を献上したことにもみられる。また将軍秀忠より江戸の御留守居を命ぜられ、名刀を拝領するなどの忠誠ぶりが知られている。

家親の死は突然であり、いろいろな風説がでるのも当然であった。毒殺説は、のちに庄内田川の松根《まつね》備前守《びぜんのかみ》光広《みつひろ》（一万二千石）が、家親の死因として江戸の幕閣へ訴えたものであり、刺殺説は、清水氏の家臣の娘が、ひそかに家親の侍妾として仕え、亡父の仇を果たそうとしたというもので、背後の理由も伝えられている。

家親の突然の死によって、三代藩主の家督は、嫡子の最上源五郎家信（のち義俊）に譲られた。家信の生母は明らかではないが、数え年一二、三歳の少年であった。そこで幕府は、家信の相続にあたり、藩政の運営については厳しい条件をだしている。

その主なものは、家中の縁組は幕府に届け出ること、義光・家親の任命した諸奉行・役人を勝手に替えないこと、義光・家親時代に追放した家臣の復帰・再任をしないこと、家中が徒党を企て、申し合わせなどをしないことなどである。いずれもこれまで、義光・家親時代にとってきた支配体制を変えず、その維持・安定を図るというもので、特に家中の争いなどは起こさせないことを強調したものである。このように、幕府の厳しい干渉をうけた藩はほかに例が少なかった。

元和七年、家信奉納の浮島稲荷石灯籠

内紛から改易へ

元和八年(一六二二)某月、松根備前守光広は幕閣の一人酒井雅楽頭《うたのかみ》に対し、家親の急死は楯岡甲斐守光直《みつなお》の毒殺によるものであると訴えた。そこでこの事件の真相解明のため、幕閣の審理が行われることになった。

幕府は原告の松根備前守とその支持者とみられる日野備中守、被告の楯岡甲斐守とその支持者の本庄豊前守満慶《みつよし》のほか、中立派とみられる新関因幡守久正・小《お》国日向守《ぐにひゅうがのかみ》光武・大山筑前守光貞などをよんで審理にあたっている。しかし毒殺とみられる証拠は得られず、逆に松根は無根の訴えを行ったと判断され、筑後国柳川藩に預けられるという処分となった。同時に幕府は最上家重臣に対して、幼主家信を全員一致で補佐するよう諭告している。

しかしこの幕府の勧告に対し、楯岡甲斐守・野辺沢遠江守らはこれを快しとすることはできなかった。その直接の理由は家信の行動で、若年であるため国政がわからず、そのうえ酒を好み、宴楽にふけることが多かったともいわれている。一方領内の重臣の中には、義光の四男で当地領内一の実力者といわれる山野辺右衛門大夫義忠《よしただ》(光茂)を、家親の後継者に擁立する動きがあった。この路線は、楯岡・山野辺のほか、本庄豊前守・鮭延越前守にも共通してみられたのである。彼らは、その多くがかつて城持の外様的武将で、最上宗家の独裁に対して反発する武将派とみることもできる。

　これに対して、最上宗家に権力を集中し、完全に君臣関係を樹立しようとする徳川体制派が、氏家尾張守や松根備前守などであった。氏家は最上家累代の重臣であり、松根は最上家取り立ての重臣のひとりである。こうした派閥対立の構図が、家親の家督相続以来、最上家内紛の根底にあったとみられる。

　幕府は、松根備前守の判決からまもなく、元和八年八月二十日、幕臣米津勘兵衛などを最上家の江戸藩邸に派遣し、城地の引き渡しを命じている。しかし完全な領地の没収ではなく、家信の成長まで六万石を与え（一説に二十万石）、成長ののちは旧領に復するという内達があったとも伝えられている。そこで在府中の家信は、国許の重臣たちに対し、幕府の処置に従うよう重ねて指示を与えていた。家信は、一時の減封はあっても、再興の望みがあると考えていたらしい。しかし結果は、全領地没収のうえ、家信には三河国と近江国のうち、一万石を与えるという改易処分となった。

　ただし、幕府の正式の申し渡し書が残っていないので、最上家改易の直接の理由はわからない。しかし改易処分の基本的理由は、元和元年制定の「武家諸法《ぶけしょはっ》度《と》」に背いたことであり、その最大の原因は、根深いお家騒動を克服できなかったことにあったといえよう。

家親・義俊の墓

第三章

藩政確立期の山形藩

最上氏改易後、山形藩には譜代大名が配置され、「東国の押え」となった。

①鳥居氏の山形入封

最上氏に替わった鳥居氏は奥羽唯一の譜代大名。
山形藩の石高は半分以下となるが、鳥居氏は石高倍増の栄転。
山形城下の一部改造、元和検地を全領に実施した。

「東国の押え」として

最上氏改易ののち元和八年(一六二二)九月、元山形藩領には、山形のほか上山《かみのやま》・新庄・鶴岡・本庄などの諸藩が成立した。山形には岩城平《いわきたいら》から鳥居忠政《とりいただまさ》が入封《にゅうほう》したが、その領知高は二十万石と二十二万石の両説がある。鳥居家は、忠政の父元忠《もとただ》が幼少のときから徳川家康に仕えた、岡崎以来の譜代《ふだい》家臣で、その後領知加増の出世を重ねた。山形転封について『徳川実紀』には、岩城平十二万石からの加増となり、「東国の押《おさ》えたるべしと命ぜらる」とある。

最上氏遺領の元山形藩に同時に入封した、庄内の酒井氏、新庄の戸沢氏、上山の松平氏は、いずれも鳥居氏と姻戚関係をもっていたことから、山形を中心に譜代大名で固められたともみられる。南に上杉氏、北に佐竹氏、東に伊達氏など、東北の外様《とざま》大名に備える江戸幕府の軍事的配慮をよみとることができる。そして

鳥居家家紋・竹に雀

この配置のかたちは、幕末まで変わらなかった。山形藩主としての大名家はめまぐるしく変化したが、いずれも幕府の中枢を支える譜代大名ばかりであったのである。

山形藩主変遷一覧

城主名	官職	石高（万石）	前封地（万石）	入封・移封年月日	移封地（万石）
最上義光	出羽守	57		慶長 6.8	
義親	駿河守	〃			
義俊	刑部大輔	〃		元和 8.8 改易	近江・三河（1）
鳥居忠政	左京亮	22	岩城平（12）	元和 8.9 ～寛永 13.7	
忠恒	〃	〃			断絶 弟忠春高遠へ（3）
保科正之	肥後守	20	信州高遠（3）	寛永 13.7 ～ 20.7	会津若松（23）
（幕府領）				寛永 20.7 ～ 21. 正	
松平直基	大和守	15	越前大野（5）	寛永 21. 正～慶安元 .6	播州姫路（15）
松平忠弘	下総守	15	播州姫路（15）	慶安元 .6 ～寛文 8.8	下野宇都宮（18）
奥平昌能	大膳亮	9	下野宇都宮（11）	寛文 8.8 ～貞享 2.6	
昌章	美作守	〃			下野宇都宮（9）
堀田正仲	下総守	10	下総古河（10）	貞享 2.6 ～ 3.7	奥州福島（10）
松平直矩	大和守	10	豊後日田（7）	貞享 3.7 ～元禄 5.7	奥州白河（15）
松平忠弘	下総守	10	奥州白河（15）	元禄 5.8 ～同 13. 正	
忠雅	下総守	〃			備後福山（10）
堀田正虎	伊豆守	10	奥州福島（10）	元禄 13. 正～延享 3. 正	
正春	内　記	〃			
正亮	相模守	〃			下総佐倉（10）
松平乗佑	和泉守	6	下総佐倉（7）	延享 3. 正～明和元 .7	三河西尾（6）
（幕府領）				明和元 .7 ～ 4. 閏 9	
秋元凉朝	但馬守	6	武州川越（6）	明和 4. 閏 9 ～弘化 2.11	
永朝	〃	〃			
久朝	〃	〃			
志朝	〃	〃			上州館林（6）
水野忠精	和泉守	5	遠州浜松（7）	弘化 2.11 ～明治 2.6	
忠弘		〃			廃藩

注）『山形市史』中巻による（一部修正）。

家臣団の増強

領知倍増のうえ、「東国の押え」として山形に入封した鳥居氏の家臣団は、どのような編制であったのだろうか。家老は国家老高須源兵衛（七千石）と江戸家老鳥山和泉守（四千石）の二人制で、軍事組織としては、番頭《ばんがしら》（侍組）一一人、鉄砲番頭二人、鉄砲組頭《くみがしら》八人、物頭《ものがしら》鉄砲組一〇人、物頭弓組三人が中心となっている。侍組は七百～二千石の上級家臣で、三五～五〇人の組侍を抱えていた。

鉄砲番頭も石高は侍組級で、五〇～七〇人の与力《よりき》・同心《どうしん》を抱えていたこと、鉄砲組頭も番頭並みでその石高は多く、その物頭（一〇人）はそれぞれ同心三〇人をもつという組織になっている。いかに鉄砲隊を重視していたかが知られる。また山形城下のほかに、東根《ひがしね》城代《じょうだい》・延沢《のべさわ》城代がおり、各七百石で、与力・同心も各五〇人が配されていた。

藩政一般については、近習頭《きんじゅうがしら》、寄合《よりあい》三人、奉行《ぶぎょう》二人、目付《めつけ》三人、国納戸《くになんど》二人などがおかれた。また城下には、目利《めきき》四人、医師五人、儒者二人、大工頭・鋳《い》物師《ものし》各一人なども分限帳《ぶげんちょう》に記載され、家臣の待遇が与えられていたことも知られる。

城郭および城下の改造

山形藩における鳥居氏の主な事業は、城下町の一部改造と元和《げんな》検地《けんち》の実施である。城下町の改造の一つは、二の丸東南角の改築で、最上氏時代のこの部分は、丸みをおびた変形になっていた。そこを直角にし、角櫓《すみやぐら》を設けたことであ

鳥居氏の系図

- 元忠　慶長五年八月一日　伏見にて戦死
  - 忠政　左京亮　従五位下　寛永五年九月五日卒　六十三歳
    - 忠恒　伊賀守、のち左京亮　寛永十三年七月七日卒　三十三歳
    - 忠盛
    - 忠春　（戸沢右京亮養子　早世）
    - 女子
  - 成次
  - 忠勝
  - 忠頼
  - 女子　（土岐山城守の室）
  - 女子　（戸沢右京亮政盛の室）
  - 忠義

る。その経緯は明らかでないが、最上氏時代と伝える絵図と正保期(一六四四～四八)の山形城下絵図から推定される。以後、この形態は幕末まで変わらなかった。

もう一つは馬見ケ崎《まみがさき》川の流路変更である。最上氏時代の馬見ケ崎川は、小白川《こしらかわ》の北方から山形城下の北部を切って流れていた。元和九年(一六二三)十月、馬見ケ崎川の大洪水で三の丸の堀が押し切られる被害をうけ、流路変更の大工事が行われた。盃《さかずき》山を削り、馬見ケ崎川を北向きに変え、宮町・銅町の北方を流れるようにしたのである。その後、旧馬見ケ崎川は八ケ郷堰として使われ、現在も残っている。

鳥居氏は城下町の整備も行った。まず寺院の配置では、特に最上氏との由緒の深い光明寺《こうみょうじ》(最上氏の始祖斯波兼頼《しばかねより》の菩提寺《ぼだいじ》)と宝幢寺《ほうどうじ》は、三の丸内にあったが、これらを郭外に移している。また最上義光の菩提寺である光禅寺《こうぜんじ》を七日町から三日町の郊外に移し、その跡に鳥居氏の菩提寺長源寺《ちょうげんじ》をおいた。

城下町では、三日町の移転と小荷駄《こにだ》町の新設がある。これまで笹谷《ささや》峠越えの仙台(笹谷)街道は小白川から七日町に直行していた。最上氏時代に足軽町《あしがるまち》であった小白川は、鳥居氏時代になって郊外の村に変わっている。仙台街道を重視した鳥居氏は、城下町の東南から八日町につなぐために、新たに小荷駄町を設け、三日町を移して宿場町《しゅくばまち》として整備したのである。

元和検地の実施

最上氏時代の山形藩では、庄内地方に行われた慶長検地《けいちょうけんち》が、村山地方の農村一般には実施されなかった。そこで鳥居氏が入部直後に実施した元和検地は、山形藩の総検地として注目される。検地は元和九年(一六二三)三月から翌十年にかけて行われ、たとえば鮨洗《すしあらい》村についてみると、表題に「出羽最上山形之領鮨洗村御水帳《おみずちょう》写」とあり、六帖仕立てとなっている。

内容は一筆ごとに田畑別の等級・面積・刈高《かりだか》★・年貢高《ねんぐだか》を記載しているが、一間の長さについては、六尺五寸説が有力であるが六尺説もある。記載の仕方は、細部の点で刈高・年貢高がないところもあるなど、不統一なところもあるが、実測による統一的な土地と生産高の把握をめざしたものであった。

元和検地に基づき、寛永元年(一六二四)、家老鳥和泉守と高弥助の名で一斉に各村々に対し、年貢高を示した「定納之事」がだされた。年貢の基準として、土地等級別の「斗代《とだい》」、つまり反当たりの取り立て高が示されている。それは村によって異なり、大きな差があることが知られる。たとえば陣馬《じんば》村(山形市)は上田の斗代一石三升、中田九斗三升、上畑四斗、中畑三斗五升、屋敷四斗など、狸野《むじなの》村(田麦野村、現・天童市)は、上田五斗五升、中田四斗五升、上畑二斗、

▼刈高
稲の収穫量を単位として石高を決める。普通一束が二升五合、一〇〇刈一反歩。

中畑一斗五升、屋敷二斗などとある。これは水がかりのよい平野部と山村の違いとみられる。

村全体の年貢率をみると、陣馬村は村高九二四石七斗余に対して年貢高三九三石余、狸野村は村高一八三石八斗余に対して年貢高七八石一斗余、ともに租率は四割二分五厘と完全に一致する。しかし年貢高の合計は、土地等級別の面積と斗代から算出されたが、村高はどうして算出されたのか、検地帳と「定納之事」からはわからない。

本来、米に一元化した江戸時代の貢租《こうそ》は、まず、すべての土地の生産高を米に換算して決め、その合計を村高とし、一定の税率によって村の年貢高が決定されたものである。土地等級ごとの生産高の基準を石盛《こくもり》といい、全国的には上田一五（一石五斗）、中田一三（一石三斗）とする二つ下がりが採用された。ところが村山地方では、はじめに全体の村高があるため、土地等級別の基準としての「斗代」は、村によって大きな違いを生ずる結果となっている。それは村高に照応した年貢高と、租率の一定化を図るためであった。

そこで、石盛制を採用したとき、帳簿上は、上田の石盛三〇以上となった村も少なくない。一方上田一〇以下の村もあり、村々の土地条件が勘案されていたことも明らかである。いずれにしてもこの土地台帳は、江戸時代を通して使用されている。鳥居氏の検地については後世、「左京縄《さきょうなわ》」といい、貢租が厳しくなった

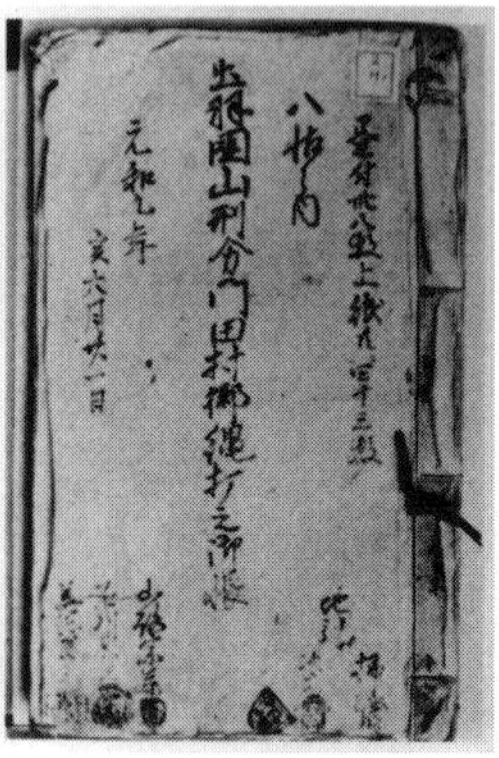

元和九年御縄打帳

原因として、農民の不評を買っている。これは、それまでの検地が村の指出《さしだ》しであったものから、初めて実測による検地を行ったことへの反感もあったとみられる。

鳥居氏の没落

鳥居忠政は山形へ入封して六年後、寛永五年（一六二八）九月に亡くなった。その跡は嫡子忠恒《ただつね》が継いだが、病身で子がなく、相続者を定めないまま、三三歳で死去している。そこで鳥居氏は改易となり、信濃国高遠《たかとお》城（三万石）に移された。

鳥居氏の民政について、のちの山形案内書の一つである『山形風流松木枕』は、忠政の死は山寺《やまでら》の呪詛《じゅそ》★によって祈り殺されたものと記している。これは鳥居氏が、領知時代からその後も、山寺を圧迫したことへの反感を表したものであった。それは寛永二十年十二月、幕府にだした山寺一山の訴願にみられる。内容は、山寺の禁令である殺生を行い、銘木を切り、寺地を荒らすなどの種々の行為に対して訴えたものであった。

これに対する幕府の対応は特になかったが、忠恒はのちに山寺一山と和解し、父忠政の供養碑を山寺の境内に建立している。

▼呪詛
恨みがある人に、悪いことがあるように祈ること。

鳥居氏の供養塔

②保科氏の検地と民政

鳥居氏に替わる保科氏も譜代大名で、藩政の確立を図る。
家臣統制の法令、税制の基礎となる村々の「定納一紙」などの作成。
納税の強化をめぐる一揆への対応や山形商人の動向なども注目される。

保科正之の入封

鳥居氏に代わって、山形藩二十万石に入封したのは保科正之《ほしなまさゆき》であった。信濃国高遠藩三万石からの出世で、「俄大名《にわかだいみょう》」ともいわれたが、正之は二代将軍徳川秀忠《ひでただ》の子で、家光《いえみつ》の異母弟にあたる。正之は故あって、武田信玄《しんげん》の遺臣、高遠城主保科正光《まさみつ》の養子となり、保科家を継いでいる。山形藩は鳥居氏の入封事情でも知られるように、幕府の「東国の押え」の地位にあり、保科氏が山形に入った寛永十三年(一六三六)といえば、幕藩体制成立のうえでも重要な時期であった。

保科正之の山形城への転封にあたっては、将軍家光の特別の計らいもみられる。正之は幕府上使三人のもとで、同年八月二十七日に山形城の請け取りを行ったが、三万石から二十万石となった保科家について、その威儀をつくろうために武器や家臣の加勢を行うよう、家光は土井大炊頭《どいおおいのかみ》★に命じたといわれる。武器は鉄砲一〇

▼土井大炊頭
土井利勝。幼少の頃から徳川家康に仕え、慶長七年(一六〇二)に一万石の大名に取り立てられ、同十年、秀忠の参内に供奉した。家康の死後、秀忠側近の第一人者となった。元和九年(一六二三)大炊頭に昇任した。

○挺、弓五〇張、持弓二五張などであるが、そのほかにも、特に家臣団の編制では、多くの元鳥居氏の家臣や浪人を召し抱えている。

保科正之は山形藩主となったことで、徳川一門の大名から、幕藩体制下の藩《はん》屏《ぺい》★として、独立した大名となったのである。

家臣団と家中法度

領知高が数倍となった保科氏の家臣団の増強や加増については、将軍家光が鳥居氏の旧家臣の召し抱えを勧めたといわれる。これに対して正之は、まず譜代の家来の加増を図り、人柄などの吟味のうえ、浪人の召し抱えも行う方針をとった。『家世実紀』によると、譜代家臣の加増分は、上・中級家臣は二倍から三倍が大部分であった。知行の最も多い城代保科民部《みんぶ》は加増二千石で合計三千石となり、家老北原采女《きたはらうねめ》は加増千石で合計千三百石となっている。組頭井深監物《いぶかけんもつ》は加増六百石で計千石、奉行日向兵左衛門は加増四百石で計六百石となるなど、加増率は同じでなかったことも知られる。

城代の保科民部正近は、正光時代から保科家の城代で、正之の養育係をつとめ、藩主正之の最高の側近であった。正之は民部に一万石の加増を考えたが、民部はこれを固辞したと伝えられている。

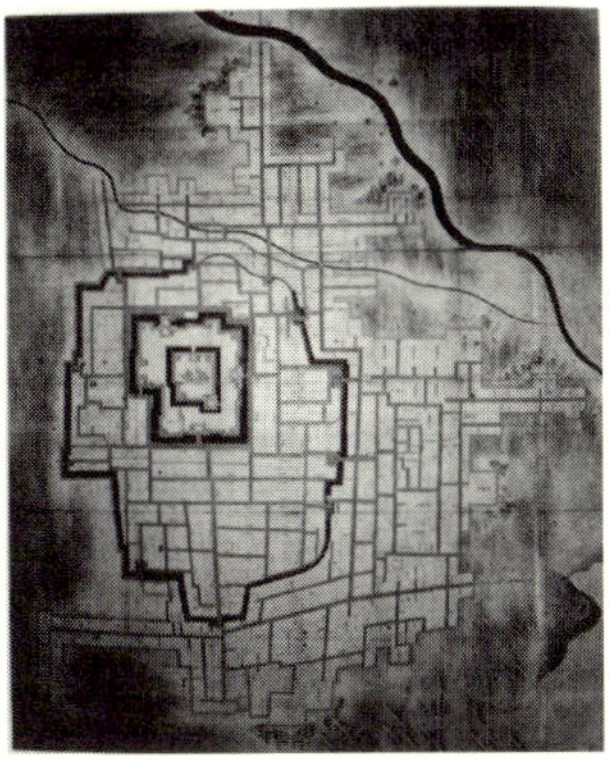
正保の山形城下絵図

▼藩屏
屏となって幕府を守る藩。

鳥居氏の遺臣で、新たに保科氏の家臣に取り立てられた者も多かった。のちに編集された『家世実紀』は、由来がはっきりしない者があって正確ではないとしているが、元鳥居家家臣として一五八人、浪人召し抱えとして二四人をあげている。元鳥居家臣には、組頭今村伝十郎二千石、物頭神保隠岐《じんぼおき》二千石などから大工頭までを含んでいた。これらの中には、神保隠岐のように、最上家家臣—鳥居家家臣—保科家家臣になった者、片桐善右衛門のように、最上家家臣—浪人—保科家家臣になった者もみられる。

藩の職制をみると、民政の役職が整備されたことが注目される。家老五人、奉行三人のもとに、勘定奉行・普請《ふしん》奉行・町奉行・郡《こおり》奉行制をとり、郡奉行二人のもとに郡方手代《てだい》六人、代官五人をおいた。また大目付《おおめつけ》七人、徒《かち》目付一〇人、下目付一四人などの監視体制を敷いている。これらは山形入部後の寛永十三年（一六三六）から同二十年にわたり、民政の発展に対する役所機構の整備として図られたものであった。

また保科氏は家臣の掟《おきて》として、入部まもない寛永十三年十二月、「家中仕置《かちゅうしおき》」と「道中法度《どうちゅうはっと》」を制定した。「家中仕置」一八カ条は、幕府の武家諸法度にならったもので、武士の倫理としての武芸・忠孝・礼儀・質素倹約などについて、さらに詳しく説いたものである。「道中法度」一三カ条も、喧嘩・口論をはじめ、大酒・好色の停止、小歌《こうた》・高声などの禁止まで、詳しい内容となっている。当時、

保科正之肖像

浪人の往来も多く、些細なことから口論となり、大事に至ることが少なくなかった。掟を破った者の罰は、武断的な厳刑に処されるのが普通であったので、これらの法度は形式的な武士の倫理ではなかったのである。

総検地と「定納一紙」

保科氏は寛永十五年（一六三八）四月から翌年三月にかけて、全領の検地を実施した。検地帳の作り方は、一筆ごとに土地等級と面積（反畝歩）、刈高《かりだか》および取《とり》米《まい》を記したものであるが、村によって取米のないものもある。原則的には元和検地帳の作り方と同一で、取米をより精密・公正に行ったものとみられる。

検地に基づき、村ごとに貢租額を示したものが「保科肥後守様　定納一紙《じょうのういっし》」である。土地等級ごとに決められた斗代により、取米が示された。これまでの村高に対する平均税率は四割二分五厘であったが、これを三割九分三厘に引き下げている。しかし、取米の基準（斗代）は村によって異なるが、一般に高い。たとえば上田一反について、松原村は八斗七升、江保《えまた》村九斗八升、前田村は一石二斗または一石となっている。

前田村の「定納一紙」全体についてみると、村高八〇九石二斗八升余で、田畑別では、水田一三町八反余（取米一五七石四斗余）、畑・屋敷一五町四反余（取

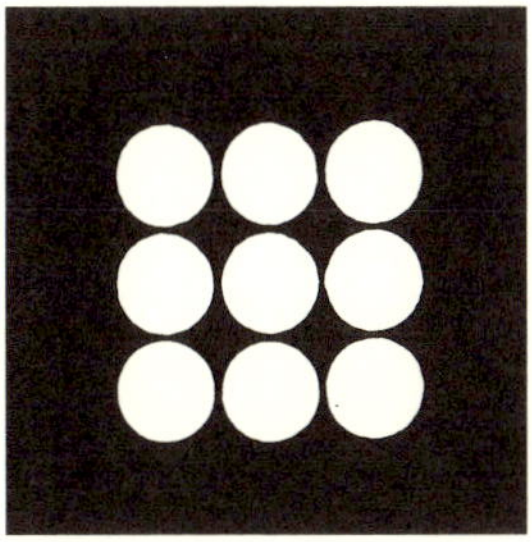

保科家家紋・角九曜

米七五石七斗余）、高居下分の水田二町六反余（取米一三石余）、他郷より入分の田・畑計八町余（取米六一石七斗余）とあり、面積の総計三九町九反二畝二〇歩に対し、取米は計三一八石四升八合となっている。田畑別の生産高は明らかでないが、村高全体に対する取米の率は三割九分三厘となり、この税率はどの村でも同一となるようにしたのである。

平均免《へいきんめん》（租率）は低くなったといっても、農民にとっての実際は、決して低い税率ではなかった。なぜならば山形藩の場合、反当たり収穫高を全国的にみられた基準（上田の石盛一五）よりかなり高く見積もったからである。たとえば、松原村の「定納一紙」から田地だけについてみると、総面積は五六町六反二畝余であるが、その全収穫高を全国的基準で算出した場合、六五七石一斗余となる。「定納一紙」にみるこの田地の取米高は三七五石一斗余であるから、その租率は五割七分一厘となる。

同じ方法で前田村をみると、田地は八割三分、畑地（上畑九、二つ下がりとして）は、面積から石高を算出すると約八六石となり、「定納一紙」のこの分の取米高六五石五斗余の税率は七割五分の高率となるのである。

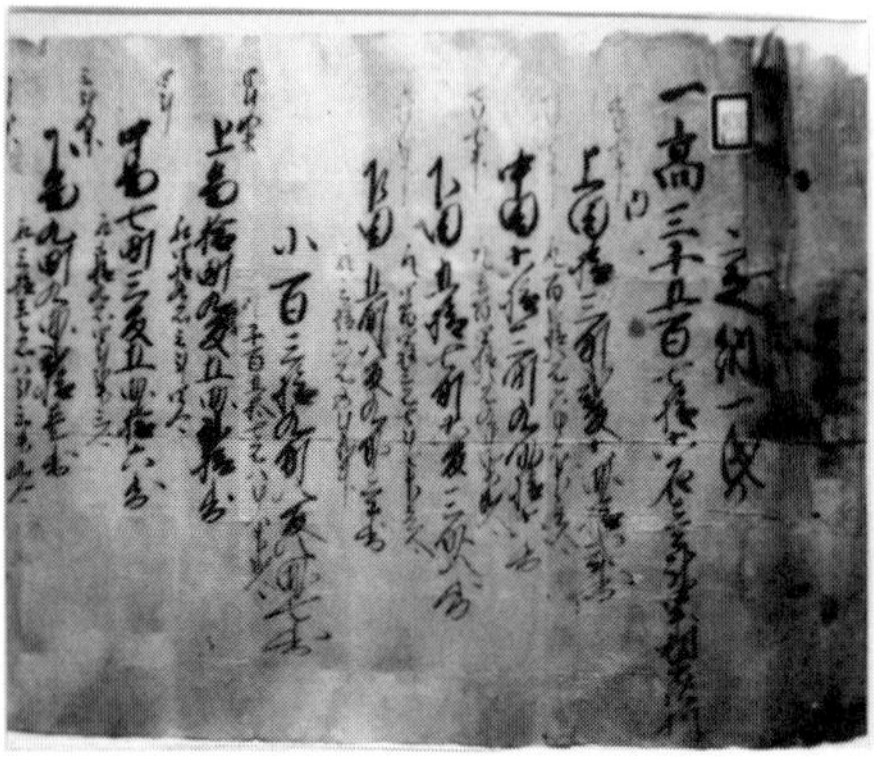

「定紙一紙」（村木沢村　部分）

藩財政と諸役銭

平均免を引き下げた結果、藩全体の歳入額がどう変わったかについて、『家世実紀』は次のようにまとめている。まず平均免が四割二分五厘時代の寛永十四年(一六三七)度は、領知高二十万七七六九石余に対する取高は八万五三二六石のところ、実際は六万八二六一石余(三割三分九厘)で、その他「定例《ていれい》万《よろず》納《おさめ》」(夫米《ぶまい》・口《くち》米《まい》その他諸税分)七二五二石余を加え、納入総計は七万五五一四石余であった。ところが同十六年度は、蔵入地《くらいりち》★高十万一千石(家中の地方《じかた》知行《ちぎょう》十万石は除く)に対する取高は、平均免引き下げ(三割九分三厘)のため三万九七二一石余となるが、実際は三万五八五六石余となっている。これに「定例万納」を加えると四万二六〇四石余となり、蔵入地分(約十万石)に対する実際の納入割合は、四割二分五厘時代より高くなり、歳入額が多くなっているのである。

その理由は、一定の斗代によって取米が決められ、全石高に対する取米高より平均免が低く定められたとしても、現実上の処理(実所務)によって、実際の納入高が決まったことによるといえよう。もう一つは「定例万納」の増加である。二十万石時代の寛永十四年の七二五二石余は、同十六年は六七四八石余で若干減ったが、十七年は八七〇三石余、十九年は一万石余に増加している。寛永十八・

▼**蔵入地**
領地は大きく知行地と蔵入地に分かれる。蔵入地は、直轄地ともいい、そこに納入された貢租は、すべて藩の蔵に収められた。

十九年の取米高に対する実際納入高の割合が、同十六・十七年に比べてきわめて少なく、それぞれ七二パーセント、五五パーセントとなっている。それは凶作・飢饉によるものであった。

この頃、城下町の整備とともに、領内の物資流通の統制も図られた。それは国内の物資流通が盛んになった表れでもある。山形に保科氏が入部してまもない、寛永十三年九月、尾花沢地方の関谷《せきや》に番所定《ばんしょさだめ》をだしている。手形によって改めたが、青苧《あおそ》・紅花《べにばな》・真綿・蠟漆・紬布などの場合、一定量以上は荷役税をとること、油《あぶら》荏《え》胡麻《ごま》・木実・からすの移出は一切禁止とある。山形城下町でも、同十七年になると、高札《こうさつ》を立て、駄賃・宿賃の定を一斉に掲示して取り締まりにあたったことが知られる。

諸役の事項も多くなり、それらが固定化した「定例万納」も、この頃以後多くなったのである。

領内外の動静

寛永十四・十五年（一六三七・三八）の山形藩にとって、天候不順による災害や白岩騒動への対応は大きな事業であった。寛永十四年は不作・飢饉の年であったが、同年六月、馬見ケ崎川の氾濫で堤防が決壊し、濁流が町屋に押し寄せた。『家世

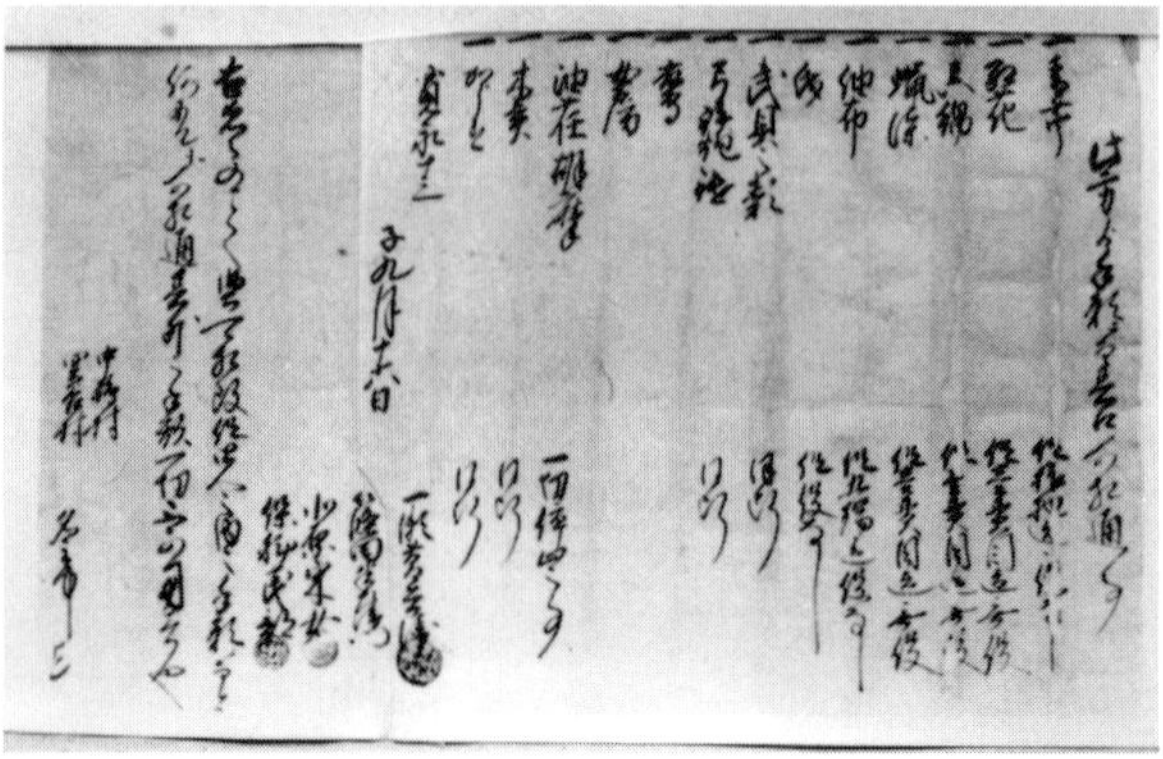

番所定（尾花沢・関谷）

実紀』によると、この修築のための人足は領内人足だけで間にあわず、隣領寄合《よりあい》普請《ぶしん》として、庄内・由利方面に加勢してくれるよう、幕府に願いでている。八月からの工事では、保科民部が直接指導をとるほどの入念さであった。

保科時代の大水害では、寛永二十年（一六四三）三月、楡山《たもやま》（村山市）の大堤の堤防が、雪どけ水で決壊したことが知られる。楡山堤は、楯岡地方一万石の田地を灌漑する大堤で、藩は普請奉行のもとに近郷の百姓を人夫として集めたが、足軽二三〇人も動員している。百姓は、連年の不作で困窮者が続出していた。

寛永年間の保科時代に、穀留令《こくどめれい》や移出入品の取り締まり令が多いのも、以上の背景があったのである。

村山郡の幕府領白岩《しらいわ》で、寛永十五年六月、白岩一揆《いっき》が起こった。白岩は山形藩最上氏が改易となったのち、庄内藩の分領として酒井忠重《ただしげ》が支配していた。ところが寛永十年、白岩領八千石の惣百姓が、忠重の苛政を幕府に訴えた、いわゆる「白岩目安状《めやすじょう》」によって、同十五年三月、忠重の白岩領は没収され、幕府領となった。一方、百姓代表に対しては、同十五年六月、再び騒動を起こしたとして、幕府はその鎮圧令を幕府代官小林十郎左衛門に下している。代官の手勢が少なく、その実際の鎮圧は山形藩により、保科正之の厳罰方針によって進められたとされている。

それは百姓代表三六人を山形におよび、同年七月十二日、馬見ケ崎川の河原で全

白岩義民の墓（白岩、誓願寺）

員を磔《はりつけ》刑に処したことなどでも知られる。

延沢銀山と山形商人

延沢《のべさわ》銀山の開発は最上氏時代の慶長年間(一五九六〜一六一五)に始まるが、急速な発展をみたのは寛永十年(一六三三)頃であった。山形藩鳥居氏の領有下にあった延沢銀山は、寛永十一年、突然幕府の直轄となり、出羽代官《でわだいかん》兼銀山奉行小林十郎左衛門の統轄下で、一年余の繁栄の後しばらく留山《とめやま》になっている。それが再開したのは寛永十八年であり、寛永末年から正保年間(一六四四〜四八)にかけて、延沢銀山は最盛期を迎えている。その間に出羽代官は、小林氏から松平清左衛門に代わっているが、繁栄期の銀山は、間歩《まぶ》五三口余を数え、銀山町の人口も二、三万に達し、周辺の村々および城下町などにも大きな影響を与えた。

この頃山形藩は保科氏の時代で、銀山の支配は幕府直轄であるが、最も近隣の都市山形との経済的関係は深かったといえよう。

銀山町は、急激に人口を増加させるが、食料はもちろん、生活品のすべてにわたって消費者の集まりである。鉱石製錬に必要な特殊用品の移入も必須である。そこで、これらの物資を供給するために、全国各地から商人たちが集まってきた。銀山町で販売する物資は、商品ごとに入札制となっており、落札者以外は販売が

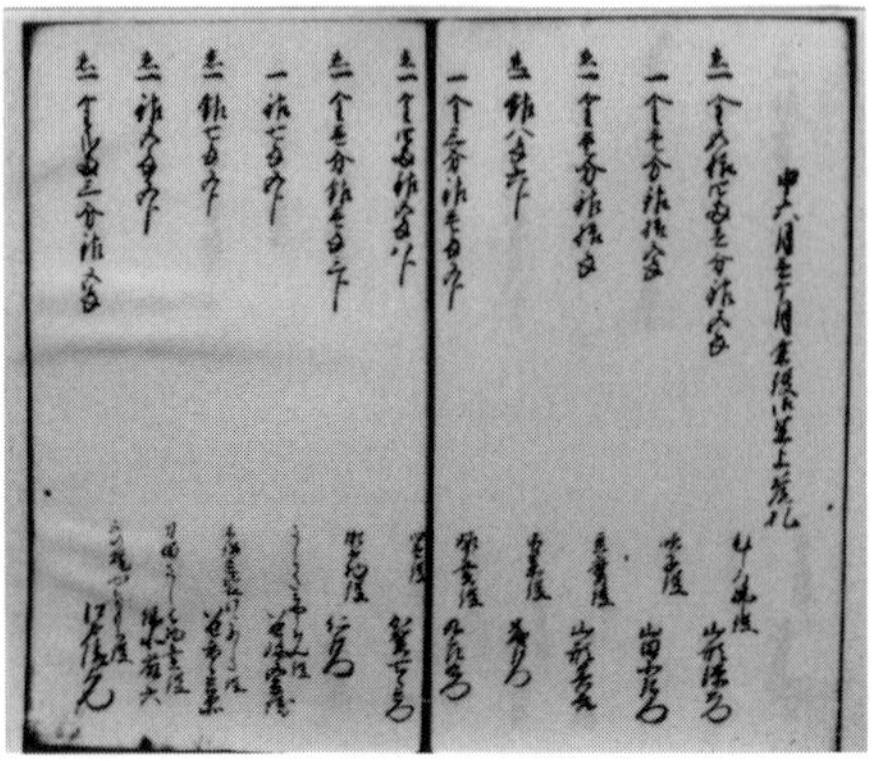

延沢銀山の運上控（仮）

できない仕組みとなっていたのである。

米沢藩の荒砥《あらと》でしたためられた『於新砥万覚』に、次のような記録がある。寛永十七年、延沢銀山の再開を直前にして、金掘どもの米は、代官領の蔵米《くらまい》八万俵に決まったこと、町人衆に渡る味噌については、運上金《うんじょうきん》として二万両、三万両などを用意した江戸商人一〇〇人ほどが、谷地《やち》近くに待機中であること、などである。谷地は、出羽代官の仮陣屋のあるところであった。

生活用品は、たばこ・蠟燭・五十集《いさば》・紙・茶・豆腐・菓子・瀬戸物・鍋釜などすべてにわたるが、落札者は、江戸・仙台・山形などの遠隔地の者、延沢・尾花沢など近くの在町商人もみられる。一人で数種目の運上金を納める者もおり、たとえば山形門三郎は、畳・御座《ござ》・うすべり役、米小売役、出湯役、灯心《とうしん》売役など、七種目にもわたっている。

役持人《やくもちにん》を出身地別にみると、その数は広範囲に上るが、最も多いのは江戸の四五人、周辺地域では山形三八人、新庄二人、米沢六人などであった。尾花沢地方も、延沢二六人、柳渡戸一二人、尾花沢二人などとなっている。山形が多いのは、延沢銀山が元山形藩の領有であったこともあるが、この頃の経済的中心としての山形城下町の地位を示すものとして注目されよう。

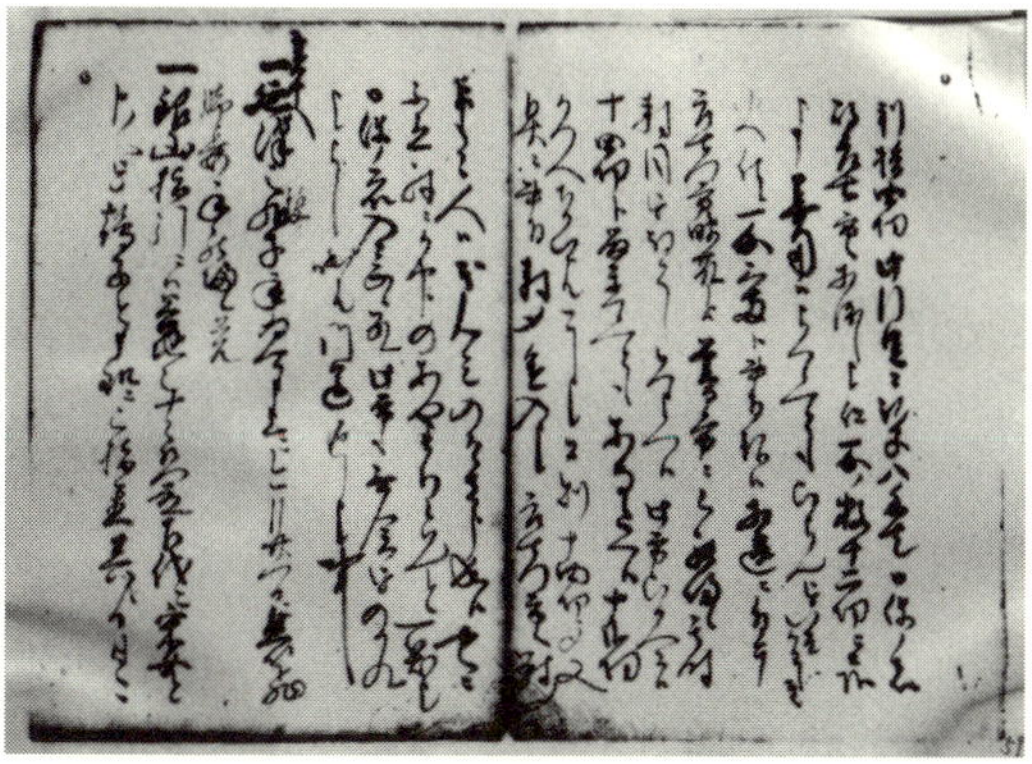
於新砥萬覚

保科正之の会津転封

保科正之は、寛永二十年(一六四三)七月、会津に転封となっている。山形藩における保科氏は、同十三年七月から七カ年と短かったが、藩主正之は二六歳からの青年時代であった。それまでの会津藩主は加藤家四十万石であったが、明成《あきなり》の代にお家騒動があり、自ら封土を返上するという事件の後、幕府は二十三万石として、保科正之に転封を命じたのである。

転封令があれば、城の引き渡しや家臣団の移動が必ず行われた。保科氏の転封について幕府は、転封令の三日後に、山形城の引き渡しや会津城の請け取りについての諸係・諸注意など、三九カ条を指示している。山形城の請け取りの上使には、幕府の目付・御使番《おつかいばん》があたり、在番《ざいばん》には近隣の大名が命ぜられた。本丸と東根城・延沢城は新庄藩戸沢氏、二の丸は六郷《ろくごう》氏、三の丸は岩城《いわき》氏が指名されている。

城の引き渡しでは、保科氏がまず幕府の出羽代官である松平清左衛門に対し、城付きの品々として各種兵器、城米など各種物品と金子を目録とともに提出した。内容は合薬四五六二貫五〇〇目、鉄玉三四万七八七〇など、城米四七六八石六斗二升余、ほかに大豆・油荏・塩と銀子一〇貫九五〇一匁などである。これらは保科氏が山形に入部する際に、鳥居氏から受け取った目録と同じ内容のものであったことも知られる。

転封に際しては、家臣は残らず引き移り、町人・百姓は一人も召し連れてはならないというのが原則であったが、家臣の中間《ちゅうげん》・家僕《かぼく》★については細やかな定めも必要であった。その後の見本ともされた保科氏の定めをみると、たとえば、足軽・中間どもについては、本人の望み次第とすること、家中の若党・中間・小者《こもの》および女は、年季中の者は定の通り召し連れること、ただし年季以前でも、本人の望みであれば、その通りとすること、「買切之男女」（譜代下人《ふだいげにん》）は上使の命によることとある。また、「家僕」は転封の先に召し連れたうえで、その地で改めて相談し、譜代の主従関係を決めることともある。譜代大名などで転封が多いことは、家臣の家族関係や生活にも、いろいろな影響を与えたのである。

保科氏の山形時代は短かったが、山形転封とともに、高遠から山形に移った僧侶および寺院ばかりでなく、保科氏とともに山形から会津に移った寺も多かった。浄土宗の僧霊徹は、保科家の霊牌《れいはい》を守護して会津にお供したが、寺院では、浄光寺・建福寺・善竜寺など八カ寺を数え、そのうちの四カ寺は、保科氏以前から山形にあった寺院である。

▼中間・家僕
家臣の奉公人。中間は侍の下、小者の上、家僕は小者（小人）に相当。

③ 十五万石の時代

寛永末年、山形藩は松平直基の入封で十五万石となり、村山郡の幕府領が拡大。山形藩領より大きくなる。また数年で姫路城主松平忠弘と交替。

松平直基の入封

保科正之の会津転封の跡に、寛永二十一年（一六四四）正月、越前国大野から松《まっ》平《だいら》直基《なおもと》が入封した。直基は大野藩五万石から山形藩十五万石への大出世であったが、山形藩は保科氏時代より五万石の縮小となった。直基は結城秀康《ゆうきひでやす》の五男であるが、結城家は関東八家といわれる名家で、関ヶ原の戦いの功績により、徳川家康の二男秀康に継がせた家柄である。

松平直基の山形時代は、慶安元年（一六四八）に播磨国姫路《ひめじ》に移るまでの四年余であるが、郷村支配のため大庄屋制《おおじょうやせい》を採用したことなどで知られる。山形藩の五万石の縮小分は幕府領となったので、残り十五万石から山形町分（約二万石）を除く郷村を一八組に分け、そこに各一人の大庄屋を組村の中から選んでおいている。組名は、船町組・上野《うわの》組・松原組・前田組・青野組・渋江《しぶえ》組・東根《ひがしね》組・

松平家（結城）家紋・中陰五三桐

野川《のがわ》(猪沢)組・高木組・志戸田《しとだ》組・中野組・平清水《ひらしみず》組・谷柏《やがしわ》組・漆山《うるしやま》組・古《ふる》館《だて》組・大石田組・山口組・天童組の一八組で、領地は、現在の山形・天童・東根を中心とする地域にわたる。大庄屋の採用は、郷村支配の中間機構といわれるが、代官の下代に代わって、地域の土豪など有力者を登用する妥協的体制は、転封が多く、地方に精通する役人の少ない譜代大名の場合は、特に有効であった。山形藩ではこの制度が、以後堀田氏時代まで続いた。

村山郡幕府領の拡大

山形藩の削封地《さくほうち》五万石は、幕府領となった。その地域は六組五八カ村で、山形の西部にあたる山辺《やまのべ》組八カ村、長崎組一二カ村、天童西部の蔵増《くらぞう》組九カ村、それに村山郡北部の楯岡《たておか》組七カ村、大石田組一一カ村、延沢《のべさわ》組一一カ村である。村山地方の中でも、のちの東村山郡・北村山郡内にまたがるが、分散的であることも知られる。

しかし村山郡には、それまでに寒河江《さがえ》領二万石、谷地《やち》領一万五千石、尾花沢領二万石、白岩領八千石の計十一万三千石の幕府領が存在していた。そこで幕府領の総計は十六万石となり、これらを支配したのは、寛永十九年(一六四二)、三河国長沢領から赴任した松平清左衛門である。松平氏は以後三代四十九年余にわたって、尾花沢・寒河江に陣屋をおいて出羽代官をつとめている。村山郡内の領地は、幕府領・諸藩領に分割された状態がその後も続いたが、寛永末年に幕府領が山形藩の石高を上回ったことに注目したい。

姫路城主松平忠弘、山形へ

松平直基は慶安元年（一六四八）六月、姫路城主に転じ、姫路城主松平忠弘《ただひろ》が山形に入部した。同じ十五万石の交代であったが、松平忠弘は平信昌《たいらののぶまさ》を祖父とする。信昌は徳川家康に仕え、長篠《ながしの》の戦いで戦功があり、家康の娘亀姫を妻とし、二人の子供が大名に取り立てられた。その一人が忠弘の父忠明《ただあき》であったので、忠弘は家康の曾孫にあたる。忠明は、家康の子長沢松平忠輝《ただてる》の跡をうけて、松平家を継ぎ、出世した人物である。

松平忠弘の山形時代は、以後寛文八年（一六六八）まで約二十年に及ぶが、叙位が父と同位の従四位下・侍従《じじゅう》となったこと、東根城跡に東根陣屋を設けたことなどのほか、特に取り上げるべき施政はみられなかった。忠弘の人物について、のちの『土芥寇讎記《どかいこうしゅうき》』★の記すところによれば、天性は淳直であるが、文武を学ぶことが少ないとし、世子の養育のことなどで家臣が分裂したのは、忠弘の「愚昧」に原因があったとして、厳しい評価を下している。

▼『土芥寇讎記』
元禄三年編、編者不明、幕府隠密の調査報告か。大名二四三人の家系・略歴・居城・人柄などを摘録。

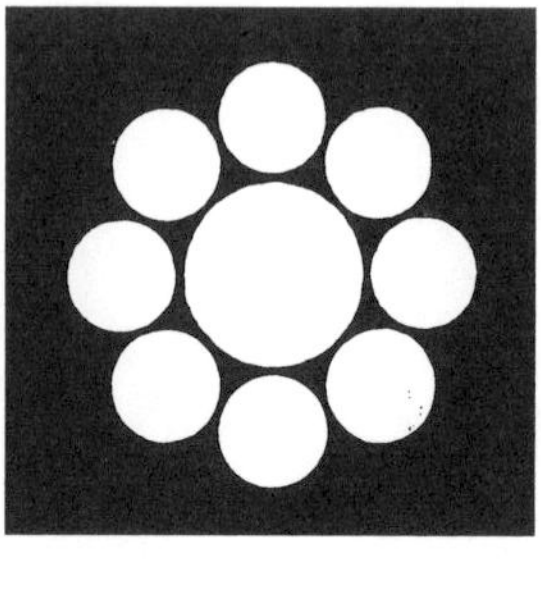
松平家（奥平）家紋・九曜

第四章 元禄期前後の山形藩

山形は、譜代大名の左遷地となり、石高も十万石以下となる。

①奥平氏の入封と山形藩縮小

殉死禁止の違反で処分された奥平氏、山形藩九万石に左遷。
減封による家臣の召し放ちや家計維持も大変であった。
お家騒動に端を発する仇討ちが寛文九年（一六六九）、同十三年に起こる。

奥平氏の左遷

松平忠弘《ただひろ》が増封のうえ、寛文八年（一六六八）八月、下野国宇都宮へ転封し、その跡に奥平昌能《おくだいらまさよし》が、宇都宮から減封処置のうえ山形に入封した。そのとき宇都宮藩は十一万石から十八万石へ、山形藩は十五万石から九万石となった。奥平昌能の減封処分は、父忠昌《ただまさ》が寛文八年二月、六一歳で死亡したとき、老臣杉浦右衛門兵衛が殉死《じゅんし》したことが理由である。幕府は寛文三年、大名などが死亡した際、それまでみられた側近などの殉死の制は、弊害が多いとしてこれを禁じ、これを犯した大名は、領知召し上げの厳しい処分とすることを定めていた。

ただし奥平家の場合は、先祖の忠勤が著しかったとして、二万石の減封にとどまったのである。奥平家は平信昌《たいらのぶまさ》の子孫で、徳川家康に仕えた信昌は、子供の家昌《いえまさ》に奥平氏、忠明《ただあき》に松平氏を継がせている。家昌は忠昌の父である。忠昌の子

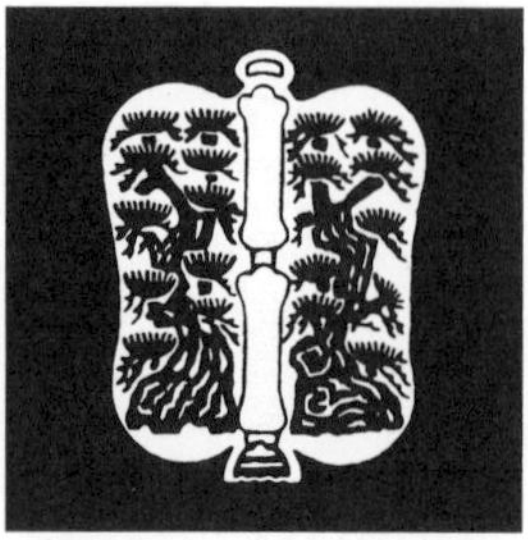
奥平家家紋・軍配団扇の内松

昌能は、三代将軍家光《いえみつ》の御伝役《もりやく》をつとめた経歴の持ち主でもあった。

　奥平氏の入部によって、山形藩は十五万石から九万石となり、六万石の減石となったが、そのうち東根《ひがしね》領三万石は、松平忠弘の移封先である宇都宮藩の飛地《とびち》領とし、他の漆山領三万石は幕府領としたのである。そこで村山郡内の幕府領はいっそう増大して約二十万石となったが、一方、山形藩領は縮小した。かつて山形藩は、有力な譜代《ふだい》大名が配置されて、外様《とざま》雄藩の多い奥羽の中で、その押えの役目を担っていたが、奥平氏の入部によってその地位は一変したといってよい。幕藩体制の確立とともに、その必要が弱まり、むしろ幕閣における譜代大名の交

▼**御伝役**　将軍・藩主の近習役の一つで、世子の教育係。

松平（奥平）氏略系図

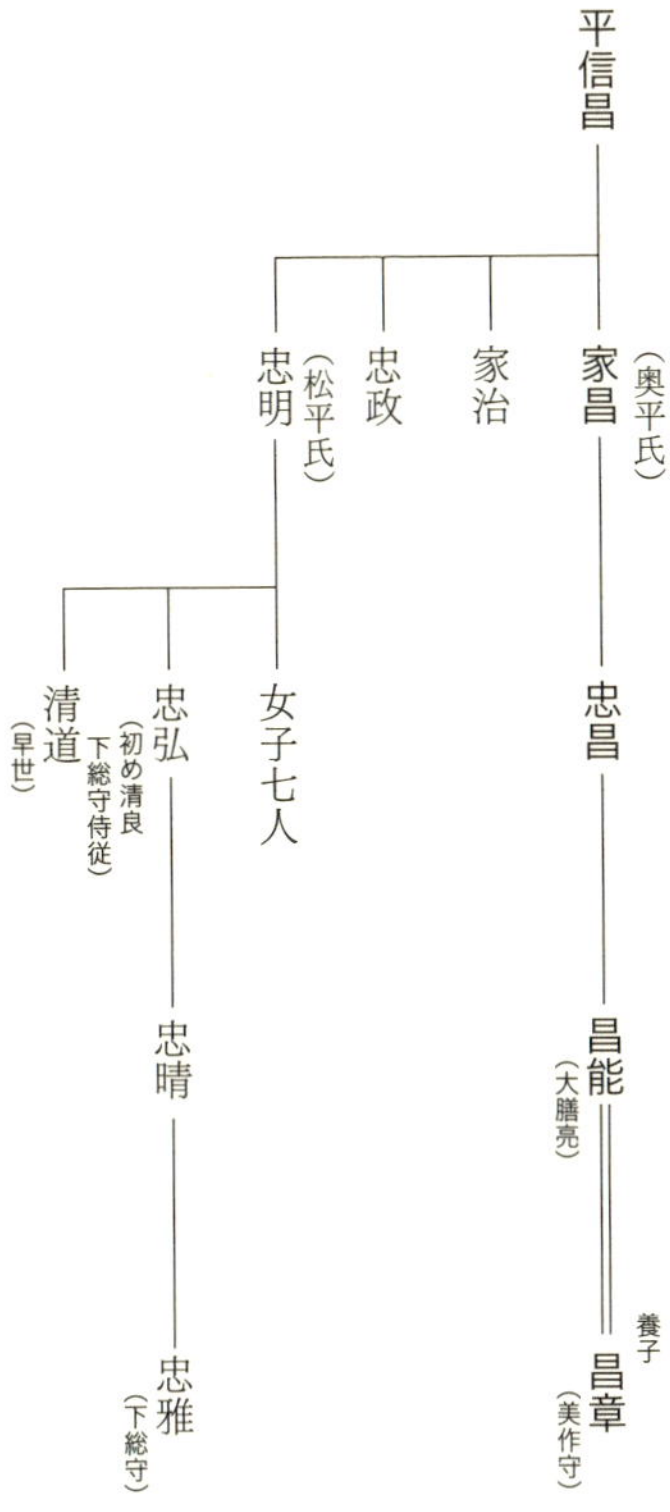

代が多くなると、一時的な左遷地または調整地の一つになったのである。特に奥平氏の入部は、その始まりであった。

奥平氏の家計と家臣

奥平氏は二万石の減知のうえ、山形転封となったので、家臣の知行《ちぎょう》もそれに見合った減知となるのは当然である。山形藩は他藩に比べ、領知高の割に収益が少ないとの評判もあった。転封が決まると、城受け渡しが、松平氏と奥平氏の家老などの間で行われているが、そのようすを記した覚書《おぼえがき》が残っている。そこには、城付きの武具や穀物★などが、当然ながら最上氏から鳥居《とりい》氏、鳥居氏から保科《ほしな》氏と引き継がれたが、それぞれの額を比べれば、たとえば穀物では米五万四〇一五俵などとあるが、しだいに減っている。また、町郷中の総人数は五万四〇一五人、うち男三万七〇一五人、女一万七五〇〇人とある。

大藩の跡を引き継いだ諸藩は、城付きの財産は緊急の場合は助かるとしても、その管理と維持は大変であった。城郭などは、小藩に代わってもそのまま受け継がれているのである。転封令によれば、家臣はすべて召し連れ、新しい転封先に移動しなければならない。しかし現実にはこれは守られず、特に減封の場合は、浪人となったり、他家に移る者も多かった。奥平氏の山形入部にあたっても、家

▼城付穀物
各大名は城下の蔵に、年内に消費する蔵米のほかに、非常時用として一定の「城詰米」を備蓄していた。

臣数の書き上げによれば、欠け落ちした者も多数あったと記している。

　山形時代の奥平氏の家臣数の総計は明らかでないが、「御家中御知行付名之帳」（写）によれば、知行取《ちぎょうどり》家臣は一七〇名であった。最高の知行高は奥平図書《ずしょ》二千六百石で、千石以上の上級家臣は七人、この中には奥平姓が図書のほか三人いるが、知行取家臣の約半数（八〇人）は百～二百石となっている。御徒目付《おかちめつけ》、御徒衆二九人は知行高を記していないが、百石以下の知行取とみられる。このほかに、扶持米取《ふちまいどり》その他の足軽衆については、分限帳《ぶげんちょう》にないのでその数はわからないが、中級の譜代大名では、三、四倍を抱えるのが普通であった。

　幕府は延宝元年（一六七三）、諸大名の参勤交代の際の従者の数を定めている。これまでも大名の石高《こくだか》・格式《かくしき》に応じてその規模の大小がみられたが、現実の石高に準じ、一定の従者人数を決めたところに制定の意味があった。それによると、十万石の場合は、馬上一〇騎、足軽八〇人、中間人足《ちゅうげんにんそく》一四〇～一五〇人とある。定めでは、これまでの慣行も尊重するとあるが、家格《かかく》に応じた参勤体制を整備する目的でだされたもので、大名側では、この勤番《きんばん》に応ずる準備が必要であった。

　奥平氏時代の山形城絵図に、本丸などの城郭の広さのほかに、武家と町人の屋敷数が記されている。それは侍屋敷三二三軒、扶持人屋敷三八三軒、足軽《あしがる》八五〇軒、町屋二三八一軒であった。これが現実の家数とすると、鳥居氏時代とあまり変わらないもので、奥平氏の家臣数と一致しないことは明らかである。前代のものが、空家として残っているものが多かったとみられ、城郭内の空間を知るうえで注目すべき点の一つであろう。

浄瑠璃坂の仇討ち

山形藩奥平氏の時代に、広く世に伝わる仇討《あだう》ち一件が起こっている。これは重臣間のお家騒動に端を発したもので、奥平氏の山形転封の理由になったともいわれるものである。

その始まりは、寛文八年(一六六八)二月、奥平忠昌が死亡したとき、その弔いに関しての、重臣の奥平隼人《はやと》と奥平内蔵允《くらのすけ》との間の争いであった。その直接の問題は、戒名《かいみょう》の読み方、法会《ほうえ》のやり方をめぐるもので、言い合いから切り合いに発展し、内蔵允の自害に発展したのである。これに対する藩の処分は、内蔵允の子源八郎は追放を命ぜられ、一方の隼人は壬生《みぶ》藩への預かりとなり、のち信濃国高島藩に移されるという軽い処置であった。

そこで内蔵允一門の憤激が収まらず、夏目外記《なつめげき》、奥平伝蔵などの組子《くみこ》・家臣三〇人余は、隼人を倒す計画を立てた。まず、隼人の弟主馬《しゅめ》を討つために上山《かみのやま》周辺に待ち伏せして主馬を誘い、上山郊外の藤吾《とうご》村で決闘となっている。主馬一行は、弓・鉄砲で前後を固めて上山から楢下街道へ向かうと、藤吾村で伝蔵らと討ち合いになり、主馬一行の七人が討たれた。寛文九年七月十七日のことであった。

それから三年後の寛文十二年二月、江戸牛込の浄瑠璃坂《じょうるり》★で、仇討ちの本番が起こった。隼人は外記・伝蔵などを討つため、江戸にでて浪人二〇人余を抱え、要害《ようがい》を構えていた。これに対し、浪士となっていた内蔵允の子源八郎は、外記・伝蔵などとともに、隼人の父・弟など二〇人余を殺害し、さらに隼人一行を襲撃し、仇討ちに成功したというものである。

これらの一件について、源八郎らは自首により、幕府の手で伊豆大島へ流されたが、八年後に赦免されている。

この仇討ち事件があってから十三年余が過ぎた貞享二年(一六八五)、奥平氏は再び宇都宮に転封となっている。石高は山形藩と同じ九万石で、藩主は昌章の代であった。昌章は昌能の子ではなく、妹の子を養子とし、跡を継がせている。寛文十二年、昌能が死去した後、家督を相続したときはまだ五歳であった。そこで昌章は山形藩主となってもしばらく山形にはきておらず、初めて山形に入部したのは貞享元年で、宇都宮転封の一年前である。昌章に関するのちの人物評によると、文武の才能がほとんどなく、家臣にも優れた人はなかったとある。藩主不在の山形が荒廃したといわれるのも当然であった。

▼**浄瑠璃坂**
新宿区市谷砂土原町から西北の払方町に登るところ。事件はこの坂の上で起こった。

②堀田・松平両氏の再入封

奥平氏のあと、元禄年間の山形藩主の交替は、堀田氏・松平両氏とめまぐるしい。元禄十三年（一七〇〇）に再入封した堀田氏が初めて三代四十六年続く。享保六年（一七二一）農村変化に対応して名寄帳改めを実施した。

堀田正仲から松平直矩・松平忠弘へ

奥平氏以後、元禄期（一六八八〜一七〇四）頃の山形藩主の交替はめまぐるしい。まず貞享二年（一六八五）に堀田正仲《まさなか》が入封したが、一年で松平直矩《なおのり》に代わり、元禄五年に松平忠弘が再び山形藩主となっている。同十三年には、堀田正仲の弟正《まさ》虎《とら》が嗣子★となっていたが、その正虎《まさとら》が再度山形藩主となり、以後三代続いたのは珍しいほどであった。

▼嗣子　跡取り。

堀田正仲の山形転封には特別の事情があった。堀田氏は後世、江戸幕府の譜代大名として有名であるが、三河以来の譜代ではない。特に出世したのは、三代将軍家光の乳母《めのと》、春日局《かすがのつぼね》の養子となった正俊《まさとし》以後である。正俊は、家光の小姓《こしょう》から老中《ろうじゅう》となり、五代綱吉《つなよし》の将軍擁立の功で、天和元年（一六八一）には大老《たいろう》に昇進している。ところが貞享元年八月、江戸城本丸で正俊が若年寄稲葉《いなば》正休《まさやす》に刺殺されるという大事件が起こった。真相は不明であるが、正俊が権勢を誇り、平常正休が抑えられていたことに対する反発であったともいう。

正俊の跡は子の正仲《まさなか》が継いだが、事件の一年後、古河十万石から山形十万石に転封となり、さらに一年後、福島に移されている。山形藩は奥平氏九万石から一万石の増石となるが、このときの山形藩堀田領は一年で終わったことになる。

堀田氏の跡へ、松平直矩が入封した。直矩は、先に山形十五万石の城主であった直基《なおもと》の長男で、直基は山形から播磨国姫路、越後国村上、再び姫路に移っている。直矩は、家臣騒動に対する不手際で、豊後国日田《ひた》七万石の城主となり、そこから山形十万石に入ったのは栄転であったが、実際に山形に入部したのは四年後の元禄三年(一六九〇)である。譜代大名が領地への愛着や結びつきが薄いのは、江戸滞在が長く、在国期間が短いことが大きな理由であった。直矩は同五年七月、さらに増封をうけ、かつての十五万石となって、同五年七月、奥州白河に移っている。

松平忠弘も山形城主は二度目であった。先に山形から宇都宮へ、宇都宮から白河に移ったので、直矩との入れ替えである。ただし、白河藩主忠弘は、家政の不取り締まりによって謹慎を命ぜられ、嫡子忠晴も病弱のため、家督は孫の忠雅《ただまさ》に継がせている。新藩主忠雅は幼年のため、初めて山形に入部したのは、元禄十二年八月、一七歳のときであった。そして松平忠雅は、翌十三年正月、備後国福山《ふくやま》

堀田家家紋・黒餅の内竪木瓜

へ転封になっている。元禄期の山形は、実質的に藩主不在の年数が長かった。

堀田氏三代

両松平が入転封をくり返した山形藩に、元禄十三年(一七〇〇)正月、先に一年余在任した堀田氏が、福島から再び入封した。正仲の弟正虎の代である。以後、山形藩の堀田氏時代は、正虎―正春《まさはる》―正亮《まさすけ》と三代四十六年間続いたが、正虎が二十八年で最も長い。しかもこの時代は、幕政では五代綱吉政権の末期から、正徳《しょうとく》の治《ち》、享保《きょうほう》の改革と続く変動の時期であった。

享保十三年(一七二八)十月、正虎は大坂城代《じょうだい》を命ぜられてまもなく急死し、子供がなかったので養子正春が継いでいる。しかし正春は、家督を相続して二年余、一七歳で死去したため、一族から養子を立て、正亮がその跡を継ぐことになった。大坂城代は正亮まで続くが、正亮時代の延享元年(一七四四)五月、播磨・河内国に四万石が与えられ、出羽国村山郡の四万石は収公された。このとき幕府領となったのは、古館《ふるだて》組一〇村、落合組八村、植木組一〇村、要害《ようがい》組一〇村、蔵増《くらぞう》組七村であった。

元禄期、特に末期になると、幕府の財政は出費増大の一途を辿っていた。生《しょう》類憐《るいあわれ》みの令★にからんで、寺社造営や修復が盛んに進められたことが大きい。こ

▼生類憐みの令
五代将軍綱吉が貞享二年（一六八五）犬・鳥獣の保護を命じたことに始まるが、極端な保護策で野犬の横行など、地方の被害も大きかった。

のために諸大名へ修復費などが割り当てられて、直接藩財政への圧迫ともなったが、領内の寺院改築の促進などにも大きな影響を与えた。

山形の専称寺《せんしょうじ》の大伽藍が大改築され、今日の偉容も元禄期の遺産の一つである。同寺の棟札《むねふだ》によれば、元禄十二年三月、建立勧進《こんりゅうかんじん》の巡行、同十四年三月釿始め、同十六年九月屋根葺始め、同月十五日竣工とある。同寺は塔頭《たっちゅう》一三カ寺を統轄する真宗大谷派で、村山郡内を中心に九六カ寺の末寺を有する大寺である。この時期の寺院拡張の盛況さを示す一つの姿とみられる。しかし一方ではこの頃から財政難の兆しも濃厚になっていた。

堀田氏の財政は、すでに福島時代から苦しく、家臣の中には禄を辞して去る者も少なくなかったといわれる。それは大老正俊が刺殺されたのちの、石高縮小や世評による影響などもあったであろう。家臣の財政的厳しさは、その後いっそう増している。山形藩時代の、「年寄部屋日記」によれば、家臣の俸禄から、一時歩引きを行っても、以前はそれが返却されていた。ところがこの数年間は、「上《あげ》米《まい》」のままで、家臣は困窮している、と記している。

堀田正虎の農政

元禄期(一六八八～一七〇四)の農村事情の中で、最も大きな問題は、村の本百《ほんびゃく》

専称寺

姓《しょう》の実態がわからなくなっているということであった。本百姓は、村の構成者で、年貢納入者である。その理由は、農民の間で、永代《えいだい》売り・質地《しっち》売り・高抜《たかぬき》売り★などの土地移動が多くなったことによるものであった。

この現実に対して幕府は、元禄八年(一六九五)、「質地取り扱いに関する十二カ条」とよばれる規定の中で、元地主の請け返し権を保障するとともに、初めて質流れ、つまり事実上の永代譲渡《えいたいゆずりわたし》を認めている。これによって、百姓を維持・把握し、村単位の年貢取り立ても可能になるということであるが、現実には種々の混乱があった。これに対し幕府は、享保年間(一七一六～三六)になると、それまで請け返しには特に期限がなかったが、年季に制限を設け、請求の資格を限定する方針を取るようになった。

質地売買に関して、山形藩も独自に布達をだすなどの対応がみられる。これは村山郡農村の土地移動の激しさを示すものでもあった。元禄十五年二月、領内大庄屋一四人が提出した覚書は、土地永代譲り禁止について、次のように述べている。

藩は土地の永代売買を停止し、百姓の没落に対してはその立ち代わりを図るため、質地証文の期限はあっても返金すれば、その土地を元地主へ戻すことができるようにしたいというが、それは現実的にできない。なぜならば、質《しち》取主《とりぬし》がすでに家や土蔵を建てたり、または青苧《あおそ》や萱《かや》などが植えられ、作徳をよ

▼高抜売り
借金のために行う質地の方法の一つ。その場合の質地は、その土地の石高を除いたものとし、その税は元地主が納める。そのため高抜質地を入手した地主の収益は倍加した。

くするため改造されている。証文の文言を幾年経っても請け戻し可能とするのは、争いのもとになる。そこで質地は、請け返し可能か、期限により流地《ながれち》とするか、二種類の証文に分けて、名寄帳《なよせちょう》を作成してはどうか、というものである。

山形藩は大庄屋の請願にそって、年貢台帳である名寄帳の整理を行っているが、高抜きの質地の多い村については、持高に応じて負担する年貢・諸役を誰が負担するかで、大きな混乱が起こっている。享保六年十月、藩主堀田正虎が指揮した名寄帳改めは、この問題への具体的な対応を示した、注目されるものであった。

その内容は、第一に高抜きの多い村々の場合、一石、二石または屋敷地ばかりなどはこれを請け戻し、高抜きを正当化しないこと、第二は百姓身分に関することで、五十石、六十石を所持しながら名子《なご》となっている者があるが、これは百姓立ち代わりとすること、第三は、今後高を所持する者を水呑《みずのみ》とよばないこと、五升、七升の高で百姓になっている者は水呑とよぶこと、第四は、村を越えた質地関係は、大庄屋間で処理することなど、具体的なものである。

これらは、藩社会の基盤である村が、商業経済の発達によって変動しつつあることを示すものであった。これに対して藩は、土地の永代売りを禁止し、請け戻し策を強化して百姓維持を図ろうとしたのである。その対応の実際は、百姓立ち代わりの制度化と名寄帳の毎年張紙《はりがみ》の実施であった。

享保八年三月、村山郡幕府領の長瀞《ながとろ》で、全国的にも有名な質地騒動が起こっている。幕府の質地対策が、現実的な流地公認と緩和策から、享保の改革期に百姓維持のための請け戻し策の強化が図られる中で、村社会の分裂と対立が深まっていた。幕府は享保六年十二月の流地禁止令で、これまで認めてきた流地策を改め、質入れを認めても質流れは認めないとした。しかも、これは五年前にさかのぼって適用するとしている。

ところが長瀞領では、この質地条目が代官から名主に伝えられたが、名主はこれを秘して百姓に伝えなかった。質地による土地移動の多い長瀞村では、質取主と借金により小作となっている百姓の間の混乱を恐れ、これを秘したものとみられる。隣村から流地禁止令がでていることがわかると、やがて質入人三八〇人が連判状《れんぱんじょう》をつくり、名主宅に押しかけ、質取人四〇人から質地証文などを奪い取るという騒動になったのである。

この騒動は、山形藩を中心とする近隣大名の藩兵によってまもなく鎮圧され、首謀者は逮捕のうえ磔《はりつけ》二人、獄門四人、死罪二人などの厳刑による処分をうけた。一方幕府は、騒動が各地に波及することを恐れ、同八年八月、流地禁止令を撤回している。つまり質流れによる地主への土地集中に、歯止めをかけることはできなかったのである。

③ 元禄・享保期の城下町山形

町人地は、商人町・職人町など三〇町、藩領のほか村山郡内の経済的拠点として発展、一方各町に石高があり、町の百姓もみられた。特権町の市場として最大のものは紅花市であった。

城下町の町役人

山形城下の武家人口は、大名領知の縮小とともに減少した。山形藩の城郭および城下町は、最上氏五十七万石時代に成立したもので、その後大名領知は二十万石、さらに十万石となったので、ますますその規模は大きすぎるものであった。しかし、いったん完成した城郭を改造することは、部分的修理以外はできないのが幕府の定めであったので、山形城下の形態はそのままのかたちで維持された。したがって三の丸内の武家屋敷も、次第に空屋敷が多くなっている。

城下町の規模も、本来武家人口によって規定されるもので、消費者である武家人口が減少すれば縮小するだけである。しかし商業経済の発達とともに、商人・職人なども増え、新しい町もうまれる。港町・宿場町《しゅくばまち》などでも、元禄期(一六八八～一七〇四)になると新町ができたところが多い。この頃になると山形城下町は、山形藩領の中心としてだけでなく、行政的な領域を越えて、幕府領も含む村山郡全体の商工業の中心として発達したのである。

城下町全体を知る史料として、元禄十年の「山形町中屋敷・家数《やかず》・人数・石高等之覚」がある。山形城下町は、市日《いちび》を冠した市場町一〇町、職人町八町、その他特定職人町・門前町など一二町の合計三〇町からなっている。

まず町役人をみると、各町に検断《けんだん》のほか、組頭《くみがしら》・筆取《ふでとり》・升取《ますとり》・小走《こばしり》がおかれた。大町の場合は検断二人、組頭二六人であるが、その他はそれぞれ一人となっている。これらの町役人は、軒役《のきやく》★を免除されていた。十日町は城下町全体の中で最も大きく、軒数二〇一軒半、家主数一四七人となっているが、軒役が免除される無役数も五七軒で最も多い。山形城下町の一軒の基準は、表間口《おもてまぐち》四間半と奥行三〇間で、米沢の表間口六間などと比べると狭い。これは幕末まで変わらないが、そこで「うなぎの寝床」などともいわれた。しかし元禄期頃から、屋敷の売買も行われ、検断以外でも、三、四軒分の屋敷をもつ問屋商人が現れ、一方、借家人《しゃくやにん》も多くなっていたことが知られる。

▼軒役
屋敷地にかかる税、町人の主たる税とされた。町役人や御用職人などはこれが免除された。

市場町と免許町

城下町は大きく、市場町と免許町《めんきょまち》または特権町とに分けることができる。市場町は山形の場合、市日を冠した各町が中心で、七日町と十日町の間の横町・旅籠町を含め一〇町を数える。月三回の定期市を各町順番に開くというものであるが、十日町は九日も含め六斎市《ろくさいいち》となっている。このほか肴《さかな》町などで七月の一定期間、毎日開く特権市もあり、紅花市《べにばないち》もその一つであった(後述)。

定期市は江戸時代の初めから、城下町以外の港町や宿場町などにも発達したが、城下町では江戸時代の半ば頃になり、常設の店舗が多くなると形式的になり、歳市《としのいち》化した。山形でも十八世紀末になるとその傾向が強まったことが知られる。

山形には、職人町および免許町にあたる町名が多い。蠟燭《ろうそく》町・桶《おけ》町・鍛冶《かじ》町・銅町・塗師町・檜物《ひもの》町・銀《しろがね》町など、それぞれの細工職人で町ができているところである。また旅籠《はたご》町・小荷駄《こにだ》町・肴町・材木町など、職種別の町がみられるが、その大部分は大藩であった最上氏時代に形成されている。

職人町は、城下町にとってなくてはならない町であった。それは大名領内の技術者を一カ所に集め、また他国から招聘して技術者集団を組織し、藩や家臣団の需要を賄うことが中心であった。大藩であればそれだけ需要も大きい。山形城下町が、近隣の中で、米沢・鶴岡などに比べても町数が多いのは当然であった。

職人町には、それぞれの町造りにあたった頭《かしら》がおり、一定の扶持米《ふちまい》が与えられ、軒数に対する無役の割合が、商人町に比べればはるかに大きい。それは元来、たとえば桶町は桶師が御細工所に出向いて、藩の御用をつとめ、塗師町は御台所の箸御用《はしごよう》に応じ、鍛冶町・鉄砲町の主たる仕事は、藩のそれぞれの御用に応えることを目的にできたからである。そこで町の構造も、商人町と違い、戸数や軒数も固定的で変化が少なかった。

しかし元禄期以後、軍事的目的が弱まったことや流通経済の発達で、職人町にも一般的に変化がみられた。特に大藩から中小藩に変わった山形藩の場合、藩の技術者集団としての機能がどう変化したのか注目されるところである。

軒役のほかに、各町には町人足《ちょうにんそく》が課された。これらは、道・橋の普請、本陣《ほんじん》入用《にゅうよう》、雪道つけ、馬見ケ崎川の川除《かわよけ》などで、町全体の自治的なものといってよい。これは職人町のほか、三日町と小荷駄町は、役馬や御用荷物の運搬にあたるということで免除されたが、馬見ケ崎川の川除には、すべての町があたることになっていた。

店借と町の百姓

城下町の番所《ばんしょ》は全体で、辻番所四七カ所、自身番所三四カ所が設けられ、銀町と塗師町のように組合で各一カ所のところもあるが、大部分は各町に設けられている。大きい町は辻番所三、四カ所、自身番所二、三カ所があり、辻番所は昼夜二人詰めで、自身番所★は町人が交代でつとめるものであった。

▼自身番所
城下町には藩士が勤める辻番所のほかに、火災などに備え町独自の番所を設け、町人が交替で勤めた。

町の大きさを家数（軒数）でみると、十日町が二〇一軒（一軒は表間口四間半）で最も多く、次は宮町二〇〇軒、八日町一八〇軒、旅籠町一四〇軒と続く。職人町では、鉄砲町九七軒、新鍛冶町六〇軒が多いほうで、ほかはいずれも二〇軒から三〇軒台である。この軒数は戸数ではなく、町役人の検断などは、二軒分以上をもつ者が多く、たとえば旅籠町の本陣後藤小平治《こへいじ》や七日町の小清水庄蔵《こしみずしょうぞう》は四軒分をもっていた。

一方、借屋敷《かりやしき》や明《あき》（空）屋敷も多い。町屋の総数に対してその割合の高いのは、旅籠町・三日町・七日町・十日町など城下町の中心であることも知られる。元禄十年（一六九七）の記録では、城下町の総軒数二四八二軒に対し、借屋敷または店《たな》借《がり》の総数が七四一軒、明屋敷一四九軒とあるが、この頃いっそう増加しつつあったものとみられる。

また、山形城下町の特徴として注目されるのは、ほとんどの町に石高《こくだか》があることである。正保期（一六四四〜四八）の高目録に山形町分二万石余とあるのは、その総計にあたる。各町の石高は、城下町周辺部にあたる宮町が二七四二石で最も多く、下条町一八一九石、肴町一〇七二石などが多いが、中心部にあたる八日町でも二〇五八石、三日町一〇四六石、十日町九三五石など、職人町の一部を除き、すべての町にわたることが知られる。

これらは各町の土地面積に照応するもので、たとえば八日町は田地六七町七反余、畑地一三町七反余、十日町は田地二八町一反余、畑地一二町余などとなっている。また百姓数は、八日町一三一人、十日町七二人とあり、この数は、その町の家主数（戸数）の割合でみると八日町は九六パーセントにあたり、十日町は四八パーセントとなる。各町には町人であるとともに農民でもある住人が、形式的には多数存在していたことを示している。

　江戸初期には、それが実態でもあったとみられる。町人町である城下町としては一般的ではなく、他の城下町には例が少ない。山形城下町の各町に帰属する田畑は、城下町周辺の村々で、それが分散していたことが元和九年（一六二三）の検《けん》地帳《ちちょう》や寛永十六年（一六三九）の「定納一紙《じょうのういっし》」などから知られる。各町の石高は、その後江戸時代を通じて原則として変わらないことは、村の石高と同じであった。したがって、その石高に応じた貢租《こうそ》・諸負担はそれぞれの町が納入することになる。もちろん田畑の所持者の移動は激しく、また所持者は町人でも、耕作は他村の小作人《こさくにん》である場合が多かったであろう。

　元禄期の城下町山形の実際は、町人町としての純化が進みつつあったが、農民と未分離の状態が多分に残っていたと推測される。それは、江戸初期における大規模な城下町の形成と周辺の開発という特殊な条件が、そのまま固定したものと考えられる。

紅花市の賑わい

山形藩の領外移出品として最大のものは、青苧《あおそ》・紅花《べにばな》であった。元禄六年（一六九三）の荷出役《にだしやく》の対象となった青苧は一〇四一駄（御役二〇八両余）、紅花は四六七駄（御役一七五両余）となっている。紅花は干花《ほしばな》★（花餅）に半加工されて移出されたが、その最大の販売市場は山形であった。山形周辺の農村で栽培された紅花は、収穫期の六、七月に山形の花市（紅花市）にもちこまれ、町場で干花に加工され、城下町の中継商人から京都問屋へ売り渡された。

山形で花市を開くことのできた特権町は、七日町・十日町と横町であった。元禄十年の「山形町中覚」の十日町の項に「一、紅花時ハ十日町之内、勝手次第出店いたし紅花買申候」とある。花市の賑わいのようすは、旅籠町の本陣問屋後藤小平治の記録『名物紅之袖』に詳しい。

これによると、花市は五月末（旧暦）頃から始まるが、村々から生花《きばな》が花市へ運ばれ、仲買（目早）・仕入問屋たちの競争となる。城下町には紅花買宿《かいやど》または「花屋」とよばれる加工業者がおり、その数は次第に増加し、現在（享保十五年〈一七三〇〉頃）は、二十年前の二〇人くらいから五〇〜六〇人に増加したといっている。

▼干花
畑で摘み取った花びらを生花といい、干花は花餅とも呼び、分量は約一〇分の一となる。花洗い、花寝せ、花踏み、花餅づくりなどの加工を加えたもの。

名物紅之袖（表紙）

元禄・享保期の城下町山形

花市で売買された生花または水花は、町に干花小屋をもつ買宿たちの手で干花に加工された。広い干花小屋をもち、二〇～四〇駄も仕上げる大規模な買宿または仲買商人も存在したことが知られる。まさに享保期は、山形の花市が急速に発達した時期とみられるが、一方、この頃から農民の中には、近年「手前干《てまえぼし》」★を行い、仲買に売るところもあるとして、注目され始めた。

最上紅花の最大の需要地は京都であった。京都では、享保二十年、幕府の享保の改革以後に推進された流通統制の一環として、京都紅花問屋十四軒仲間★が結成されている。問屋仲間は、紅花取引に参加する商人が増加したことに対し、生産地から集荷する問屋商人を限定し、京都問屋の収益を図ろうとするものであった。

これに対して紅花生産の中心地である谷地《やち》・寒河江《さがえ》地方の紅花商人たちは、紅花流通が独占的となり、産地の買い上げ値段が安くなったとして問屋仲間廃止の反対運動を起こしている。この動きは長く続いたが、山形城下町の紅花商人たちの反応は、直接的には知られていない。これとは別に、山形城下では、紅花市場のあり方をめぐって問題が起こっている。その一つが、元文三年（一七三八）、七日町・十日町・旅籠町の紅花仕入宿三三人と各町検断が提出した嘆願書である。その内容は、近年紅花が悪質になり、また花市の店出しが遅くなったとして、在方の仲買人に対しその改善方を訴えたもので、当然ながら山形の花市を擁護する立場であった。

▼手前干
干花づくりは江戸期半ばまで、山形など町場の「花宿」が中心に行ったが、その後次第に村々の上層農民が、行うようになった。

▼京都紅花問屋十四軒仲間
享保二十年（一七三五）結成、京都への紅花販売は、これらの仲間に限定された。最上紅花産地の商人は、仲間廃止の訴えを続けた。

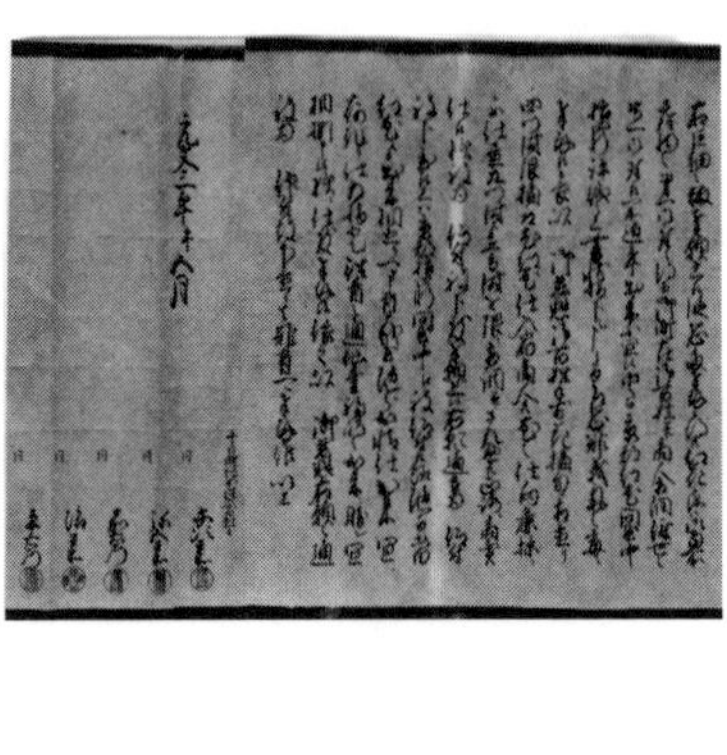

紅花仕入宿嘆願書（元文三年）

④

発掘からみた城と家臣の生活

発掘調査によって、建設期の山形城に金箔瓦がみられ、十八世紀中頃には、寒冷地に強い赤瓦が使われたこと、茶道具などから京の茶文化の導入が知られる。多くの生活用具の中に、煙管など山形特産も見られる。

建設期の城郭と金箔瓦

山形城下は関ヶ原戦後、五十七万石の大名となった最上義光によって、十七世紀初頭に大拡張が行われた。その事情については先に記したが、最近の発掘調査によって、その規模だけでなく、内容も明らかになりつつある。その中で注目されることは、城郭の屋根に、山文軒丸瓦《さんもんのきまるかわら》、金箔瓦《きんぱくがわら》★が使用されていたことであろう。瓦は織豊時代の城郭の特徴を形づくるものであったが、東北では仙台城・盛岡城などでも文禄年間(一五九二〜九六)以後に使われ始めたとされている。

この瓦が山形城に使用され、「山」の模様を表した瓦も使われたことは、山形城独自のものとして、大きな意味を考えさせる。さらに注目されるのは、本丸大手門付近でまとまって出土した金箔瓦である。

金箔瓦は織田信長が安土城で使用して以来、豊臣秀吉に受けつがれ、大坂城・

▼金箔瓦
信長が安土城に使用して以来、秀吉が大坂城・伏見城などに多用した。織豊系大名の城郭・天守閣の特徴の一つ。

伏見城・名古屋城などで使用されたが、まさに大名の権威を象徴するものであった。天守閣と金箔瓦が西南大名に多いのは、織豊大名としての発展の特色を示すもので、この築造の影響は関東・東北の場合、かなり異なっていた。山形城での金箔瓦の使用の時期は明確ではないが、幕藩体制下に入ってから、徳川大名としての権威誇示に使用したものとみられる。それが関ヶ原戦後の慶長年間であることは、一緒に出土した遺物の多くが、十七世紀初頭のものであることからも確認される。ただし山形城に天守閣はなく、その後も造られなかった。

城郭の規模の変更は、最上氏改易以後も基本的にないが、改造・修復はしばしばみられた。特に最上氏のあとに入封した鳥居氏は、二の丸、三の丸の出入り口の升形を改良し、本格的な石垣の築造も行ったと伝えられている。家臣の中に瓦師がみえることから、瓦職人による本格的な瓦生産もこのとき行われたとみてよいであろう。

十八世紀中頃になると、黒瓦の屋根に対し、赤瓦が使われ始めたことも知られる。寒国では吸水性の高い黒瓦は割れ易く、山形ではその維持が困難との評判もあった。しかし赤瓦はあまり水を吸わないため、耐久性が高いことがわかったのである。本丸調査で、堀田氏の家紋の入った軒丸瓦《のきまるがわら》の赤瓦が出土していることは、寒国克服の一策として使用されたものとして注目されよう。

山形城二の丸の石垣（現存）は、東西南北の各城門の付近に残り、築城当時を

山形城本丸出土の瓦

物語る重要な遺跡であるが、石積みにかかわる根本史料は残っていない。現在の石垣の原形は、鳥居氏による改造時期であるとみられる。それに関連した問題の一つは、石垣の石に彫られた刻印である。

この刻印の種類は、後藤嘉一氏の調査によれば六〇種に上るという。この刻印は、織田・豊臣氏が配下の大名に、石高に応じて負担させた印というものではなく、全国的な石工専門集団を示すものと推定される。それは全国的に主要な城郭・石垣と照合しての一定の結論である。この考えに立てば、石垣の築造は、軍事的・政治的に全国的な整備が図られた幕藩体制成立期の元和年間末期、山形では鳥居氏時代とみることができる。

初期の茶道具・かわらけ

三の丸の発掘調査で出土した遺物に、志野《しの》や織部《おりべ》、あるいは鉄絵《てつえ》向付《むこうつけ》などの茶器がみられる。先の二つは瀬戸美濃産で、志野は白色の陶器、織部は茶人古田織部が考案したことからこの名が付けられたと言われるもので、釉薬《うわぐすり》や器形も多様であり、第一級の優れた製品であったことが知られる。最上氏時代の家臣の間には、このような茶道具とともに、華やかな京の茶文化が導入されていたことがうかがわれる。

三の丸出土の伊万里小皿など

もう一つの初期出土品の特徴は、日本最初の磁器とされる伊万里焼《いまりやき》★の増加である。唐津焼《からつやき》★（陶器）の影響を受けた初期の製品を初期伊万里とよぶが、十七世紀半ば頃になると、本焼きした素地《きじ》に赤・緑・黄などの色絵具で文様を描き、もう一度焼き付けた製品が多くなる。たとえば初期の染付草文碗《そめつけくさもんわん》に対して、色絵椿《いろえつばき》文碗《もんわん》・色絵葉文碗などである。

三の丸の発掘地は、最上氏の改易以後、領地は縮小されたが、鳥居氏、保科氏、松平氏と続き、奥平氏までは家臣屋敷も密集していた。しかし上級家臣の数は減少している。この頃の出土品は碗や皿が多く、茶道具はごく少ないのも、発掘地に居住した家臣の階層によるとみられる。一方多量の破損した土器・陶磁器が出土し、それらは唐津の皿、伊万里の小皿・碗などである。当時の食器の全体を示すものともいえよう。

この時期になると、素焼きの皿、「かわらけ」★が多く出土する。「かわらけ」の多くは、灯明皿《とうみょうざら》として使用したもので、この頃になると、夜間に明かりを灯すため、家臣の間では必需品になっていたともいえよう。「かわらけ」には、口縁部に芯《しん》が燃えた煤《すす》が付着するものが多い。菜種《なたね》油や綿実《わたみ》油などを皿に注ぎ、芯を油に浸し、先端に火を灯して照明に使ったのである。これは家臣の間だけでなく、城下町の商家や職人の間でも、特に元禄年間以降は、広く普及したとみられる。

▼伊万里焼・唐津焼
初期伊万里焼は十一世紀前半、佐賀県有田周辺で製作、日本最初の磁器、唐津皿、伊万里小皿は十七世紀半ばに食器として使用、普及したもの。

▼かわらけ
素焼きの皿、灯明皿として使用された痕跡が多い。

出土品にみる生活用具

三の丸の発掘調査による出土品には、以上にみた陶磁器などのほかいろいろな生活用品がみられる。まず衣生活に関するものでは、笄《こうがい》、耳搔《みみか》き、剃刀《かみそり》、毛抜《けぬ》きなどである。笄は髪を整える道具であったが、装飾具にも使われた。剃刀は男性が月代《さかやき》を剃るため、また女性が眉を剃るための必需品であった。

食生活に関するものでは、魚類の骨がある。魚種不明が多いが、イルカの骨も出土している。日本海の魚で干物や塩漬けにして最上川を運んだものが多かったであろう。調理用具としての擂《すり》鉢も出土し、唐津焼が最も多い。そのほかにも、岸(福島)、丹波、備前など、各特産地で生産された製品も、数は少ないが出土している。

喫煙の風習を知るものとして、銅製の煙管と火打石の出土例がある。日本では慶長十年(一六〇五)に喫煙が大流行し、その後たびたび禁煙令がだされている。禁煙令は、各地に喫煙が普及したことを証明することでもある。のちの文化年間の著作『めざまし草』によれば、山形は江戸初期の寛永年間から、民間に鉄煙管が普及したところとされている。出土品の銅製の煙管が山形銅町の製品の一つかどうかは明らかでないが、今後の課題であろう。

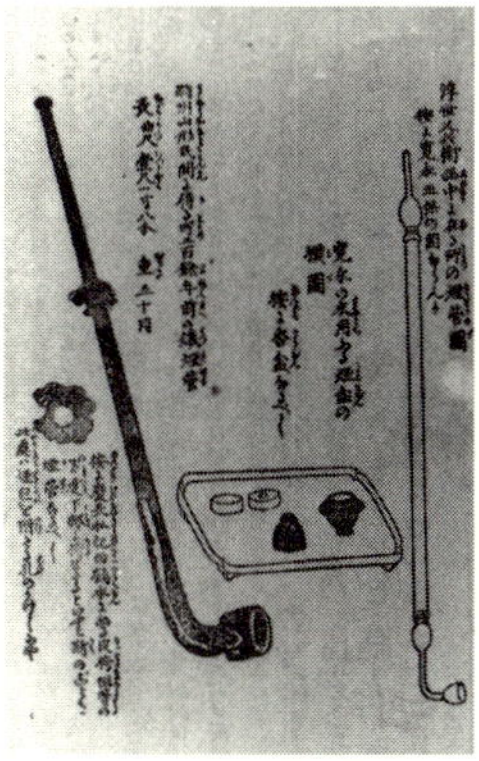

江戸初期、山形使用の鉄煙管

以上のほか、文具、娯楽、葬送に関する出土品は多数にのぼる。文具では硯《すずり》・水滴《すいてき》が多く、硯はほとんど石製である。水滴は硯に水を注ぐための容器であるが、多くの意匠を施した磁器製のものも出土している。

仏前に飯を供える仏飯器《ぶっぱんき》は伊万里の製品もあるが、銅製もみられる。香炉《こうろ》は葬式などの焼香に使う容器で伊万里産であることが知られる。また鍋被葬《なべかぶりそう》に使われた鉄鍋とともに墓がみつかっている。鍋被葬とは、死んだ人が甦らないように頭に鍋を被せて埋葬する形態である。発掘調査地区は、十七世紀初頭には勝因寺のあったところであるが、鳥居氏の城下改造後は家臣の住宅地に替わっている。しかし十八世紀以後は、家臣の減少に伴い、ほとんど空地になり、畑地として使われていたところが多い。

三の丸の発掘地の出土品については、以上の屋敷地としての使用形態の推移も考える必要がある。江戸後期に関する出土品がほとんどみられないのはそのためである。ただし発掘地は、最上氏以後城主は替わっても、江戸時代には三の丸城郭内の武家地として、一貫して利用されたところであった。

城跡二の丸、南門付近（昭和の復元以前）

第五章 転換期の山形藩

石高の縮小や一時幕領となって城郭は荒廃したが、秋元氏が復興。

①堀田氏から大給松平氏へ

幕府の享保改革の後、老中交替で山形藩から堀田氏が去り、老中罷免となった松平氏が、六万石で入封。
十八世紀中頃は、村方・町方とも騒動が多かった。

大給松平氏の入封

堀田正亮《ほったまさすけ》は幕府の老中《ろうじゅう》に抜擢されると下総国佐倉に転封となり、代わりに延享三年（一七四六）五月佐倉から松平乗佑《まつだいらのりすけ》が山形に入封した。堀田氏は山形藩時代と同じ十万石とされたが、松平氏★は七万石から山形六万石への減封のうえの転封である。乗佑の父は幕府の享保の改革で勝手掛《かってがかり》★老中として活躍した松平乗邑《のりさと》であるが、延享二年（一七四五）十月、老中罷免のうえ、隠居の処分をうけている。乗佑の転封は、この処分に伴うものであった。

その結果、堀田氏は佐倉転封後も村山地方に領知を残し、山形の近くに吉原陣屋をおいたが、やがて関東諸国にほとんど村替《むらがえ》している。しかし、その後再び明和元年（一七六四）、佐倉藩堀田氏の羽州領四万石ができ、柏倉陣屋《かしわぐらじんや》による佐倉藩の分領支配が続いた。

▼松平氏の庶流
徳川家と最も近親関係にある大名で、大給・藤井・能見など、一四〜一八の系統がある。

▼勝手掛老中
幕府老中はこの頃、四、五人で職掌を分担。勝手掛は財政担当。

一方、山形藩松平乗佑の領知は、山形城付領が三万七千石で、他の二万三千石は下総国にあった。しかも城付領のうち二万石余は山形町分で、村々二一カ村は、山形周辺に分散していた。

村方騒動の多発

延享～宝暦年間（一七四四～六四）は、山形の町方および周辺にも騒動が多い。延享四年（一七四七）、隣の上山《かみのやま》藩では重税に反対する全藩的一揆《いっき》が起こり、山形周辺でも、村木沢村で困窮百姓二〇〇人による富農打ちこわし一件があった（寛延元年〈一七四八〉）。宝暦五年（一七五五）は大凶作の年であるが、山形の肴《さかな》町・薬師《やくし》町・小白川《こしらかわ》村で打ちこわしが起こっている。同七年十一月、羽州検見《けみ》一件で、羽州幕府領の漆山《うるしやま》代官平岡彦兵衛ら五代官が処分をうける問題に発展したことも注目される。

幕府は村方《むらかた》騒動が多いため、代官の勤務評定の基準を、年貢増収よりも領内を平穏に治める能力を重視する方向に変えたともいわれる。それは、全国的な政治の乱れに対処するためでもあった。

宝暦二年、山形藩は城下町の地子銭《じしせん》★の復活を図ったが、町年寄《まちとしより》でもある小清水《こしみず》庄蔵《しょうぞう》（七日町）・佐久間善蔵《ぜんぞう》（旅籠町）らを代表とする町人の反対で再び免除と

松平家（大給）家紋・蔦

▼**地子銭**
城下町の町屋敷（地）に課される年貢。

なるいきさつもあった。財政の行き詰まりで、山形城の各櫓《やぐら》・城門なども、かつてないほどに荒廃していた。大手門をはじめ横町口の搦手門《からめてもん》★まで、みる影もない有様であったという。松平乗佑は、延享三年から十八年間山形藩主の座にあったが、山形に在住したのは一年足らずで、ほとんどが江戸滞在であった。譜代《ふだい》大名の慣例とはいえ、あまりにも極端であり、山形城の荒廃も当然の結果であったといえよう。

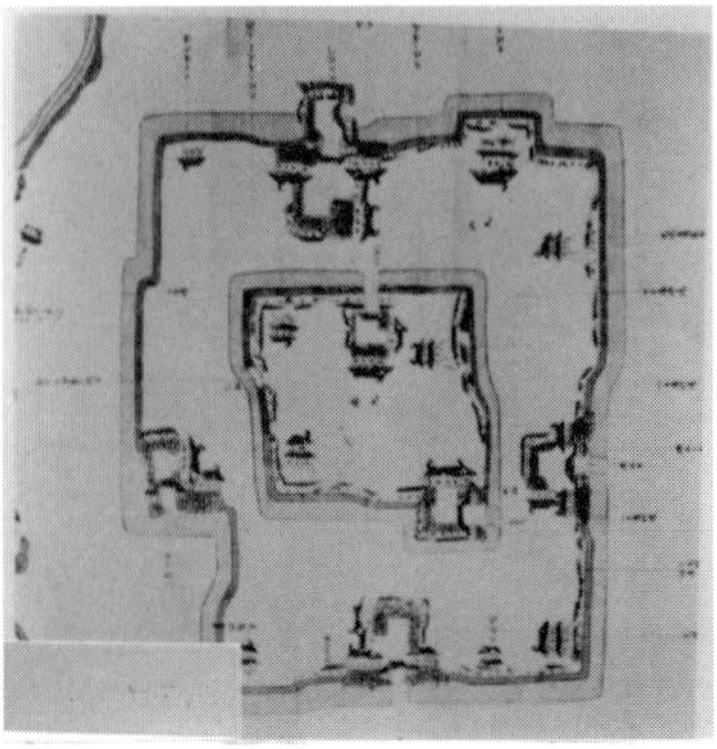
山形城修復図（明和六年）

▼搦手門
城門の一つ。表口の大手門に対し、裏口は搦手門といい、升形の形式。

◇2

山形藩、幕府領となる

明和元年（一七六四）から約三年間幕府領となる。
山形城の土手の樹木、武家屋敷の売り払いも入札に。
惣町中、立木切り払いに反対、この頃山形の紅花市衰退。

山形城引き渡し

明和元年（一七六四）六月、松平乗佑が三河国西尾に転封になると、山形藩は幕府領になることが決まった。山形藩は寛永二十年代、保科正之《ほしなまさゆき》が会津に去ったのち約半年間幕府領となったことがあるが、それは保科氏の栄転による一時的な幕府預かりともみられた。それに対して、明和元年の山形藩六万石の幕府領化は本格的なものであった。

山形城の引き渡しのため、明和元年九月、幕府は特使として、松平藤十郎を上使《じょうし》に、目付《めつけ》松田善衛門と代官前沢藤十郎を遣わし、城番《じょうばん》に会津藩の武川助右衛門が派遣された。特使の宿は、松平に小清水庄蔵、★松田に後藤小平治《こへいじ》、★前沢に佐久間善蔵がそれぞれ指定されている。

引き渡し後の処分については、代官前沢が指揮を取り、本丸以外の二の丸・三

▼**小清水庄蔵**
代々七日町本陣問屋、参勤交代の際の大名の宿、現在の山形銀行本店。

▼**後藤小平治**
旅籠町の旅籠屋の一つ。江戸中期には紅花仲買商人。

の丸の武家屋敷はこれを取り払い、その跡は田畑に変更すること、土手の樹木は切り倒して武家屋敷とともに売り払うというものであった。屋敷の取り壊しや樹木の切り払いは、町人の請負とし、入札で決め、運上金《うんじょうきん》を徴収する方法で進められた。そこで町内には、落札者の風説が乱れ飛び、町中に薪《たきぎ》の山ができたともいう。当時の狂歌《きょうか》の一つ、「お江戸からしろうり二つ下りて来て、町近在のきうり迷惑」は、この状況を風刺して歌ったものである。「しろうり」は、山形城の破却や武家屋敷のことであり、「きうり」は木売りをさし、野菜の瓜に対し、胡瓜《きゅうり》をあてたところが面白い。

惣町中の反対願書

代官前沢藤十郎の山形城処分の方針は、どこまで実施されたのであろうか。『谷柏村御用留帳《やがしわむらごようどめちょう》』によると、明和四年(一七六七)四月に、山形城の樹木払いにつき、入札の御触《おふれ》がだされたとある。何回目の御触か明らかでないが、一部実施されたことは事実といえよう。しかしこの処分のうち、三の丸の立木《たちき》樹木の切り払いについては、山形町中の間に強い反対の動きがあった。

それは、明和四年四月に編まれた『山形風説記』によって知られる。この願書は、特定の町名・氏名はないが、明和四年五月の日付で、内容も整った願書の文

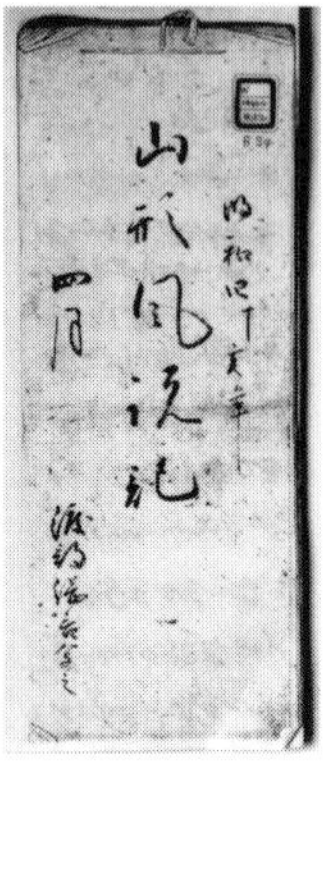

『山形風説記』(村木沢村文書)

言からなる興味深い記録である。その主な点をみると、まずこのたびの通達として、三の丸の屋敷跡地は、紅花運上畑《べにばなうんじょうばたけ》★とし、立木は入札のうえ切り払うとのことであるが、立木切り払いの中止を訴える理由として以下の三点をあげている。

第一は、当地は近くに高山があって烈風が多い。特に月山下《がっさんおろ》しとか長谷堂風《はせどうかぜ》といわれる大風があって、潰れ家もでるなど防ぎようがないほどであること。第二は、山形の町屋は、城郭の土手を取り巻くように建ち並び、土手の樹木がこの大風を防いでいる。このたび、この樹立を切り払えば、特に貧しい家は耐えられなくなり、大抵は立ち退くこととなり、山形町中は家屋が減って大変になるであろう。第三は、山形町人の田地二万石の大部分は、城西裏にある。その田地は「御堀水、埃流之肥ヲ以、作付仕来候所」である。もし三の丸の土手廻りの木を切り払えば、自然と水気が薄くなり、田地の用水不足ともなる。これは山形町中の根本問題である。

以上の理由から、土手廻りの立木は、これまで通りとするよう、普請《ふしん》役人に対し、町中あげてお願いしたいというものである。お城土手の樹木は、山形町人の住環境を守る重要な資源であるという認識は注目される。また、山形町人の石高所持という特殊な条件について、具体的に灌漑用水の確保という点から主張していることも説得的であったといえよう。

さらに『風説記』には、山形城土手の立木調査があり、その本数は全体で二の

▼紅花運上畑
紅花畑として耕作し、一定の運上金（税）を納入する。

丸土手が一四一六本、三の丸土手が一九一三本であった。そのうち雑木が七〇パーセント以上で、次に二の丸では漆木・杉が多く、三の丸では栗・杉・槻《つき》の順に多かったことが知られる。

これらの売り払いについて、運上制とするか、代金払いとするかも木種ごとに決めているが、その実施結果は不明である。この『風説記』が編まれた段階で、実施されていないとすれば、それから間もなく秋元氏の山形入封が発せられているので、切り払いはほとんどなかったとみられる。惣町《そうちょう》中の反対運動の効果も大きかったといえよう。

廻米ルートの新計画

山形藩が幕府領となったこの時期は、幕府では田沼政治が始まり、田沼意次《おきつぐ》が側用人《そばようにん》として権力を振るい、経済政策では明和二年(一七六五)、五匁銀を発行するなど、積極的な商工業の促進策が図られている。

山形が幕府領であったのは、明和元年六月から三年余りであったが、前沢代官は、これまでの年貢米輸送ルートを変え、笹谷《ささや》越えから阿武隈《あぶくま》川を下り、江戸に運ぶ計画を立てている。これを請け負った江戸の上総屋《かずさや》幸右衛門★と荒浜の武者《むしゃ》平十郎★は、明和二年七月に、手代《てだい》を派遣してその安全性などを調査した。これに対

▼上総屋幸右衛門
江戸の廻船問屋。幕府領廻米を請け負い、明和六年（一七六九）から同八年にかけて阿武隈川中流域の大改修を行った。

▼武者平十郎
阿武隈川の河口荒浜で、寛文年間から、幕府領城米の廻米にあたり、代々浦役人を務めた。

し、笹谷街道沿いの関根村の問屋鈴木刑左衛門は、酒田廻りの場合と種々比較し、返答をしている。

この中で注目される点は、これまで幕府領の城米を笹谷街道で運んだのは、元禄十二年(一六九九)、漆山領の二万俵だけであること、宿駅《しゅくえき》駄送は一日三〇〇俵まではよいが、それ以上になると、助馬《すけうま》となるので、馬代金が必要になるとした。また冬の駄送は人足となるので、一日一五〇俵に限られることになるが、街道宿駅として反対するものではないとしている。これが実施された場合、その廻米量は、山形町を含め、六〇町村分で二万七七〇俵と見積もられたことも知られる。

この新規計画は、他の出羽幕府領と異なる廻米ルートを採用しようとする大胆なものであるが、調査報告があってから約半年後に、秋元氏領に代わったことから、実施されなかったとみられる。

紅花問屋仲間廃止の影響

京都に紅花問屋《といや》十四軒仲間《なかま》ができたは享保二十年(一七三五)であるが、以後、村山地方の紅花産地の農村や商人は、産地値段の引き下げを理由に、問屋仲間廃止を訴えてきた。特にその運動が強まったのは宝暦年間(一七五一~六四)以後であるが、明和元年(一七六四)閏十二月、谷地《やち》の荷主百姓惣代の訴願が幕府に取り上

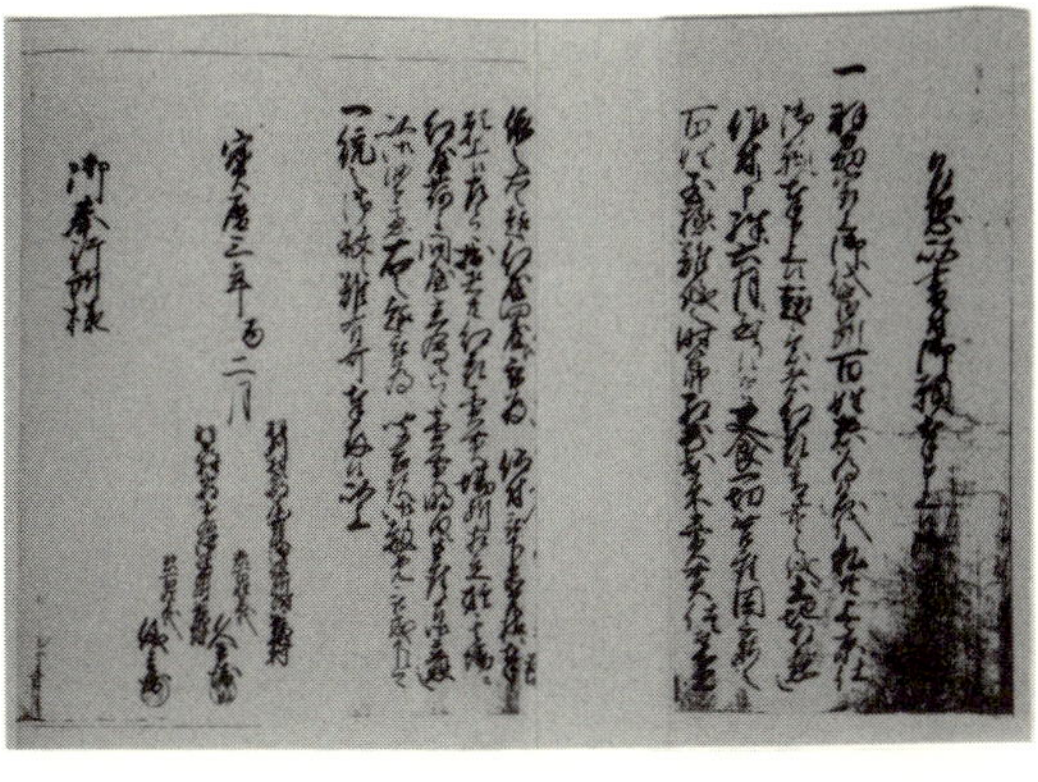
紅花問屋仲間廃止の願書

げられ、勘定奉行のもとで問屋仲間成立以後の紅花取引の問題が審議されている。当時山形は幕府領に属していたが、審議の結果は最上商人の要求通り、紅花問屋仲間は明和二年七月、廃止と決定した。

そこで産地と京都との間の紅花売買の方法は、三十年以前に戻り、問屋株に関係なく、「直々売買」「勝手次第商《あきない》」ができるようになったのである。そこで喜んだのは、紅花産地の農民・商人たちであった。

これと同時に、大きな変化をみたのは山形の花市である。山形城下町の紅花市や紅花流通は、十八世紀半ば頃から変化の兆しがみえてきた。それは元文三年(一七三八)の紅花仕入宿たち、寛保三年(一七四三)の七日町・十日町の商人一〇〇名余による、紅花の抜け買い・抜け売りの禁止の訴えにもみられる。しかし、変化しながらその後も、紅花市を中心とした山形の紅花仕入宿の特権は保護されてきた。しかし明和二年の京都問屋仲間の廃止とともに、山形の紅花市は急速に廃《すた》れたとみてよい。

天明元年(一七八一)五月の触書《ふれがき》では、近年紅花市はみられなくなったが、願いにより復活を許可するとしながら、同年六月になり、これを取り消す御触をだしている。理由は、花市を再開することに、在町や農村には反対者が多いということであった。

③

秋元氏の入封と城郭復興

秋元氏の入封と山形藩六万石の復活。
荒廃した城郭・城門の復元と武家屋敷の復興がみられた。

秋元氏の領知

幕府領になっていた山形へ、明和四年(一七六七)閏九月、川越藩秋元《あきもと》氏が転封を命ぜられた。山形は約四年ぶりで藩に復帰したのである。新たに入封した秋元氏は、「秋元家譜」によれば、政朝《まさとも》を初代とし、山形藩主となったのは九代凉朝《すけとも》であった。

政朝は戦国期に上総国小糸城主であったが、天正十八年(一五九〇)、豊臣秀吉の小田原攻めのとき、北条氏について敗れ、豊臣氏の臣下となった。しかし関ヶ原の戦いでは徳川方につき、特に徳川家康の信任が厚く、譜代大名に取り立てられ、六代喬知《たかとも》は元禄十二年(一六九九)寺社奉行から老中職となっている。以後、加増を重ねて正徳年間(一七一一〜一六)には六万石の大名となった。九代凉朝も西の丸老中職から山形藩六万石への転封となったのである。

このときの山形藩六万石の領知は、城付地として山形城下の二九町二万石と近村一七カ村の一万五千石、ほかは武蔵国川越に五千石、河内国に二万石と三カ所に分割されていた。山形付近の近村一七カ村とは、青野・長町・漆山・清池《しょうげ》・高木・今町・前小路・貫津《ぬくつ》・山寺・上東山・下東山・高野・小白川《こしらかわ》・新山《にいやま》・長谷堂・狸森《むじなもり》・松原の各村である。これらの村々は、現在の山形市・天童市・河北町などに広がり、分散していたことが知られる。天保十三・十四年の幕府の上知《あげち》令《れい》で、秋元氏領六万石は全部村山郡におかれ、形のうえではすべて山形藩城付領となるが、村々の分散性は変わらなかった。

武家屋敷の復興

山形城の秋元氏への受け渡しは、明和五年(一七六八)三月に行われたが、転封の命をうけてから、半年以上も経っていた。『高山七右衛門覚書』によると、家老高山たちが城請け取りを命ぜられたのは、前年の十二月二十日であった。家老三人と物頭《ものがしら》★三人が川越を出発したのが翌年三月三日で、同月十五日山形に到着している。城請け取りの行事は同月二十五日で、幕府役人は、上使・目付と代官前沢藤十郎で、請取人は家老矢貝清太夫、番頭蟻川与一左衛門などであった。山《やま》瀬遊圃《せゆうほ》『山形雑記』によれば、「城請取次第」の中に、山形城本丸・二の丸・三

▼物頭
物頭、者頭とも書き、弓・鉄砲などの足軽部隊の指揮官。

秋元家家紋・瓜

の丸のほかに、城付蔵米《くらまい》として米一七六八石余、大豆一八八石余、荏油五九石余がみられる。その量は少ないが、非常用の城付米などが幕府領であった時期も維持されていたことが知られる。

高山らの宿は、はじめ町方の三桝屋《みますや》忠兵衛であったが、十月に横町に長屋ができるとそこへ移っている。

武家屋敷は、幕府領となったあと大半は処分されたので、秋元氏の山形入部は、その復興から始めなければならなかった。秋元氏の家臣団は天保期（一八三〇～四四）頃に編集された『秋元公藩人録』によると、千二百石の家老高山文左衛門を筆頭に、百石以上の石高取の上級武士六〇人、これに扶持取《ふちどり》・給金取で主な役職にある家臣の約一一〇人、このほか各役所詰めの手伝・小頭《こがしら》・中間頭《ちゅうげんがしら》、掃除役など足軽《あしがる》の約三二〇人からなることが知られる。山形に移動した家臣たちは、俄造りの藁葺長屋《わらぶきながや》といわれる侍屋敷に入った。多くの足軽は、一六軒続きの長屋屋敷住まいに限られていた。一方、上級武士の場合は、間口が三～八間で池・庭があり、隣との境は杉木の生垣で仕切られ、一反五畝（四五〇坪）から四反五畝くらいの畑地をもつ者もいた。

初め秋元氏の山形行きも二、三年と考えられ、武家地の屋敷造りも仮住まいの風があり、江戸詰めが熱心であった。藩主涼朝も山形転封の命をうけたが、養子の永朝《ながとも》に家督を譲り、山形には一回も入部しなかった。ところが、山形藩主とし

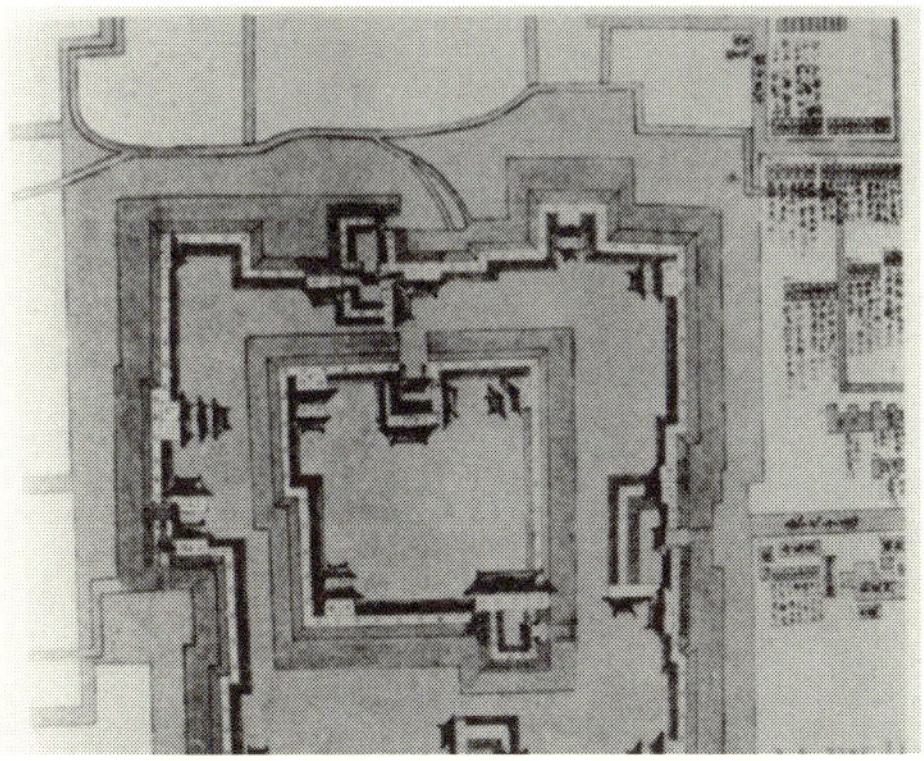

天保五年、山形城絵図

て最も長かったのが秋元氏で、涼朝以後、永朝・久朝《ひさとも》・志朝《ゆきとも》と四代七十八年間続いたのである。

城門の修理・復元

秋元氏は本丸の館《やかた》を三の丸に移築し、新御殿《しんごてん》★をつくった。山形城は最上氏時代大藩にふさわしい大規模な城郭として築かれたが、六万石の大名にとっては機能的なものでなかった。秋元氏入部以前に、城郭の荒廃が著しいと伝えた記録も多い。秋元氏はまた安永四年(一七七五)、二の丸大手門前の現・大手門パルズの地に、秋元氏の菩提寺《ぼだいじ》として泰安寺《たいあんじ》を建てている。

城郭の修理は、山形入部後まもなく開始され、それは明和六年(一七六九)八月、幕府に提出した「山形城取縮修覆之覚」によって知ることができる。これには絵図も添えられているが、その説明によると、まず本丸では櫓《やぐら》四つ、門三つが大破、二の丸では櫓二〇、門四つが大破、三の丸では惣廓《そうくるわ》★・門・石垣・土居塀《どいべい》・堀のすべてが大破していると報じ、そこで、絵図に示したように長期計画で修復または取り払いを行うが、三の丸の惣廓は、縮小する考えである、というものであった。

これは、幕府領時代の意図的な破壊も含め、それ以前の荒廃ぶりを示すもので

▼新御殿
大名が居住し、勤務する御殿は普通本丸にあるが、施政への新対応として、三の丸の大手前に、新御殿をつくった。

▼惣廓
城郭全体。

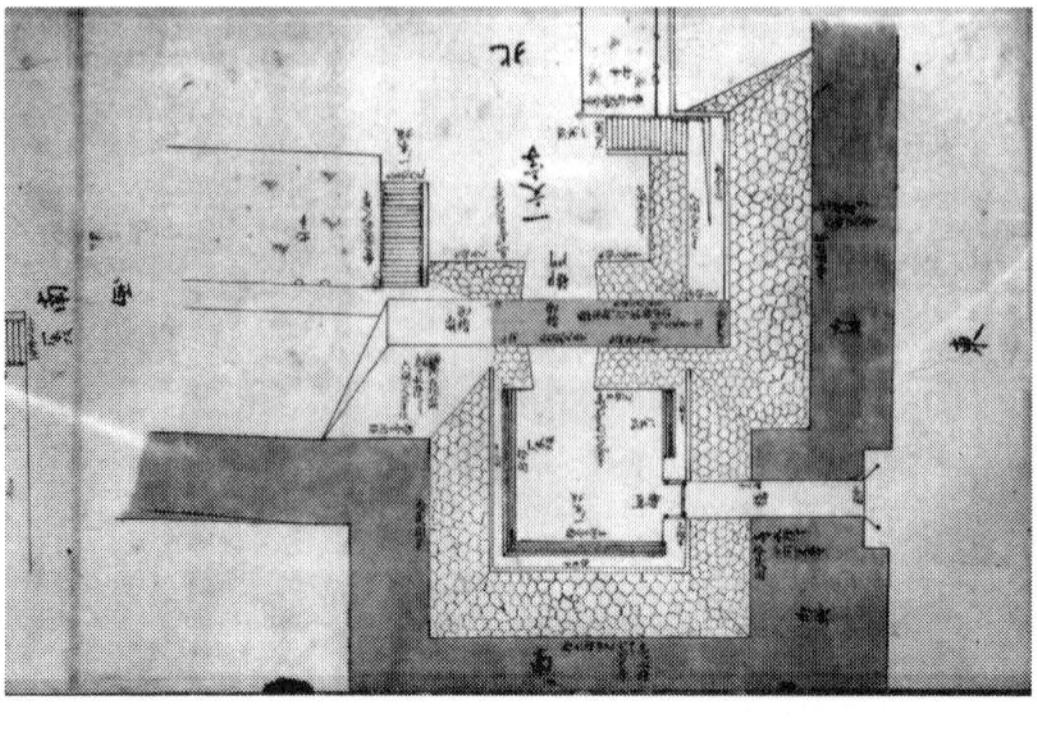
本丸一文字門復元原図（粕川氏蔵）

もあったといえよう。その後秋元氏は、年次的に山形城の修理を進めたとみられるが、安永・天明年間(一七七二～八九)の財政状況がいっそう悪化する中で、これらの大事業が短期間に進行したとは考えられない。その後の山形城絵図として残っているのは、天保五年(一八三四)作成の秋元氏時代の山形城絵図である。

これには本丸・二の丸の櫓、城門・廓および堀なども詳しく描かれている。三の丸の城門は、大手門にあたる七日町口・横町口以外は、櫓もなく簡略なものであるが、旧来の一一口はそのまま、升形《ますがた》・道路も正確に書き記したとみられる。武家屋敷は新御殿とともに、すべて三の丸の東部に集中させたことも知られる。

この絵図にみられる城郭の修理・完成の年次は明らかでないが、文政年間(一八一八～三〇)から天保初年と推定される。天保年間の秋元氏分限帳《ぶげんちょう》の役職の中に、特に城郭修理に関連してみられるものに、樹木役・普請《ふしん》小屋帳付・普請小屋番人などが多い。また分限帳の町方諸職に、瓦師《かわらし》・瓦小屋定番《じょうばん》・日雇頭《ひやといがしら》などとともに、役所内棟梁《とうりょう》兼町棟梁として粕川角兵衛の記載がある。

現在秋元家御用大工の子孫とされる粕川家に、山形城の本丸、二の丸の大手門・角櫓《すみやぐら》の平面図が残され、文化・文政年間(一八〇四～三〇)の作と伝えられている。平成三年(一九九一)に復元した山形城二の丸大手門も、これを原図としたものである。また、本丸の大手門、いわゆる一文字門の復元も現在進行中である。

現在(平成十九年)復元中の一文字門

お国自慢 山形の人物と文化（2）

画家 皆川義川《みながわぎせん》と林霞峰《はやしがほう》

湯殿山道中《ゆどのさんどうちゅう》の版画で有名な皆川義川《ぎせん》（宇野義川）は、その生没年とも伝わっていない。皆川は出生地を姓にしたものと推定されている。

義川の作品には、小白川天満神社に寛政七年（一七九五）九月銘の、安宅関《あたかのせき》の弁慶勧進帳《べんけいかんじんちょう》の図があり、文化年間（一八〇四～一八）建立の皆川龍門寺《りゅうもんじ》山門の天井に描いた玉取り龍の図などが知られる。前者は精密な写実と鮮やかな彩色を施したもので、後者には筆勢の強い狩野派《かのうは》の画風がみられる。ただ寛政年間の落款《らっかん》に「春香斎義川筆」とあるが、文化年間のものには「義川斎定信」とあって、二つの号が使われている。

義川を有名にしたのは、版画「湯殿山道中独一覧」の小型版画である。和紙の袋に入れ、三〇枚余の組物として、湯殿山参詣道者《どうじゃ》に売り出したものである。近代的な遠近法をとりいれた木版淡彩画で、構図・描線ともに優れたものである。作成年代は特定できないが、描かれた絵の内容から、文化末年から文政初め頃と推定される。

やや遅れて、文晁派の画家林《はやし》霞峰《がほう》が現れた。霞峰は小橋町林祥院《りんしょういん》の住職で、寺子屋も開いている。小白川天満神社に奉納した「素戔男尊《すさのおのみこと》」には、嘉永五年（一八五二）三月、霞峰の銘がある。

有名なものは「湯殿山道中略図」と題した大判二枚続きの錦絵《にしきえ》二組で、制作は弘化年間（一八四四～四八）とされている。これには、「霞峰先生図・東都一立斎広重《いちりゅうさいひろしげ》、応需模写」とあり、霞峰の原画に基づき、安藤広重が錦絵風に模写したものである。

二組みの大絵は、安藤広重《あんどうひろしげ》の力を借りた多色刷りの華麗な錦絵版画であるが、湯殿山道中として発展した山形の町の姿を鑑賞する狙いもあったとみられる。

霞峰原画の「湯殿山道中略図」

山形国際ドキュメンタリー映画祭

ドキュメンタリー映画祭の分野では「西のアムステルダム、東のＹＡＭＡＧＡＴＡ」といわれるほどに成長し、アジア各国でも山形は「映画の街」として知られる。

一九八九年に山形市が市制施行百周年を記念して始まり、二年おきに開催してきた。

この映画祭は、アジアの監督たちが世界に羽ばたく登竜門でもある。二〇〇七年のカンヌ国際映画祭でグランプリを受賞した河瀬直美監督の作品も何度も上映されている。

山形国際ドキュメンタリー映画祭
第１回風景（写真提供＝同事務局）

第六章　城下町の繁栄と農村

城下町は、上方商品の卸問屋、湯殿山参詣者の往来で栄えた。

1 城下町の賑わい

江戸後期、山形城下は新たな賑わいをみせ、村山郡を範囲とした卸問屋が発展。
文政期頃から塗物屋仲間ができ、
天保六年十二職種の株仲間がつくられた。

町の栄えとその背景

川越の海寿が書いたものに『山形棚佐賀志《たなさがし》』という書物がある。海寿は俳諧に優れ、博学の人といわれた人物であるが、山形の第一の印象として、その環境は四方に高い山があり「中平《なかたいら》かにして風なく、四神相応《ししんそうおう》の地に似たり」と評している。また町の賑わいは、「村山郡山形へ諸国の商人あつまる事、庄内・米沢・新庄・秋田ニハまされり」とも記している。種々の見聞を基にしたものと思われるが、山形の特徴をよく捉えた表現である。

海寿が山形を訪ねたのは明和六年（一七六九）で、秋元氏が山形に入部した直後である。城郭内は荒廃していたが、山形の町の賑わいは衰えていたとは思えない。それは秋元氏家臣で、長く山形に滞在し、当時の山形の世相を詳しく記録した山《やま》瀬遊圃《せゆうほ》『山形雑記』によって、さらに具体的に知ることができる。

まず、町全体について興味深い記述がある。各町には城付領三万五千石のうち二万石の在高がある。これは他の城下町には珍しいことだが、実際は町人が耕作するのではなく、「最寄百姓《もより》」に小作させており、町方の外れに手作り百姓が多いのは、古くからの慣習であると述べている。また町場が栄える理由として、山形城下は村山郡中の「都会場《とかいば》」であり、また米沢のように往還筋から離れ、海辺に不便なところとも異なるという。村山郡中のほか、米沢方面からも米やいろいろな国産物を山形にもちこんで、山形から塩・海魚などを仕入れるところであった。

村山郡中は広いが、山形以外に城下町らしいところがない。そこで郡中から米のほか、諸作物や手織・木綿《もめん》などをもちこんで、必要な諸品を買い入れに集まるのである。一時幕府領となってさびしいときもあったが、秋元家が入部して家臣が増えたので、諸品の販売もよくなり、町方は活気を取り戻したという。特に次の記述は注目される。それは最上名産の紅花《べにばな》を争って買い入れ、これを京都・大坂へ送り、その見返りに多量の上方商品を仕入れ、これを仙台へも売り込むなど商業の繁栄が著しいこと、そして寒国のため草屋根が多いが、大商人の多い国として特筆している点である。

山形の紅花市は古く、それとともに城下町の紅花仕入宿も発達したが、花市の消滅とともに、山形を拠点とする紅花市場は大きな転機に直面した。先の記述はその後の山形の変貌の有様を語っている。その背景には、文化・文政期（一八〇四~三〇）における農村の発達や商品流通の著しい発展があったことも見逃すことはできない。

最上川水運による荷揚げ物資について、船町と寺津の両河岸《かし》が争ったとき、漆山大庄屋《うるしやまおおじょうや》の片桐善左衛門は天保十三年（一八四二）八月、寺津側に立って、山形市場の大きさについて次のように述べている。山形商人は村山郡全体の商人数より一〇倍も多いこと、商人の入り込みは奥州の仙台・三春《みはる》・白石・伊達郡のほか、置賜《おきたま》の米沢に及ぶこと、村山郡内の町村の商人も直接酒田湊から仕入れるものは稀で、山形から仕入れるのが大部分であるという。そこで「酒田湊より村山郡へ登り候荷物、七、八分通も山形行に可有之」というのである。

山形が江戸後期になり、奥羽の中でも巨大市場になったのには種々の理由があるが、特産物の最上紅花の移出と木綿・古手《ふるて》・塩などの大量の上方《かみがた》商品の為替取引★が一般化したことが大きく影響した。

▼為替取引　現金に代る為替証文による取引。江戸中期以後、遠隔地との商人間に発達した。

店売・卸問屋の発展

宝暦~天明年間（一七五一~八九）に村山地方の市場関係も大きく変わった。山形城下の特権町で行われていた紅花市が衰微したのは、その典型的な現象である。

佐藤利右衛門家の店蔵

その背景の一つに、京都紅花十四軒問屋仲間の解散（明和二年〈一七六五〉）があるが、根本的には、紅花の干花《ほしばな》加工が農村で行われるのが一般化し、農村で紅花市が開かれ、紅花商人が農村にも発展したことである。

農村の地主《じぬし》商人の活動は、紅花などの特産物を集荷し、上方商品などの商品流通へ直接参加するなど活発となった。文化・文政年間（一八〇四～三〇）は、農村の商品作物の発達とともに、商品流通が一段と活発化した。地主商人の成長も、この頃に一つのピークをみる。

山形城下町の商業や加工業も、この時期に新たな発展がみられた。旧来の伝統的な商人のほかに新興商人も加わって競争が激しくなったこと、もう一つは、広域的な取引や、農村部への流通の広がりに対して、金融・卸売業部門が拡大したことであった。代表的な商人として、秋元氏時代の山形藩御用達《ごようたし》商人となった吉田理八《りはち》・土屋彦四郎・長谷川吉郎次・青山治右衛門・福島治助・村居清七・佐藤利兵衛などがあげられる。

吉田と土屋は三日町の富商で、吉田は天明期（一七八一～八九）から文化・文政期に、呉服・古着・塩の取引で繁栄した。十日町の村居・佐藤は江戸中期から紅花商人として発展しているが、幕末の『東講商人鑑《あずまこうあきんどかがみ》』では、ともに「繰綿太物《くりわたふともの》卸店《おろしだな》」の看板を掲げている。同じ十日町の青山は、大坂屋を名乗り、「薬種・御紙類」を扱っていた。また、秋元氏の臨時御用達として発展した問屋商人には、

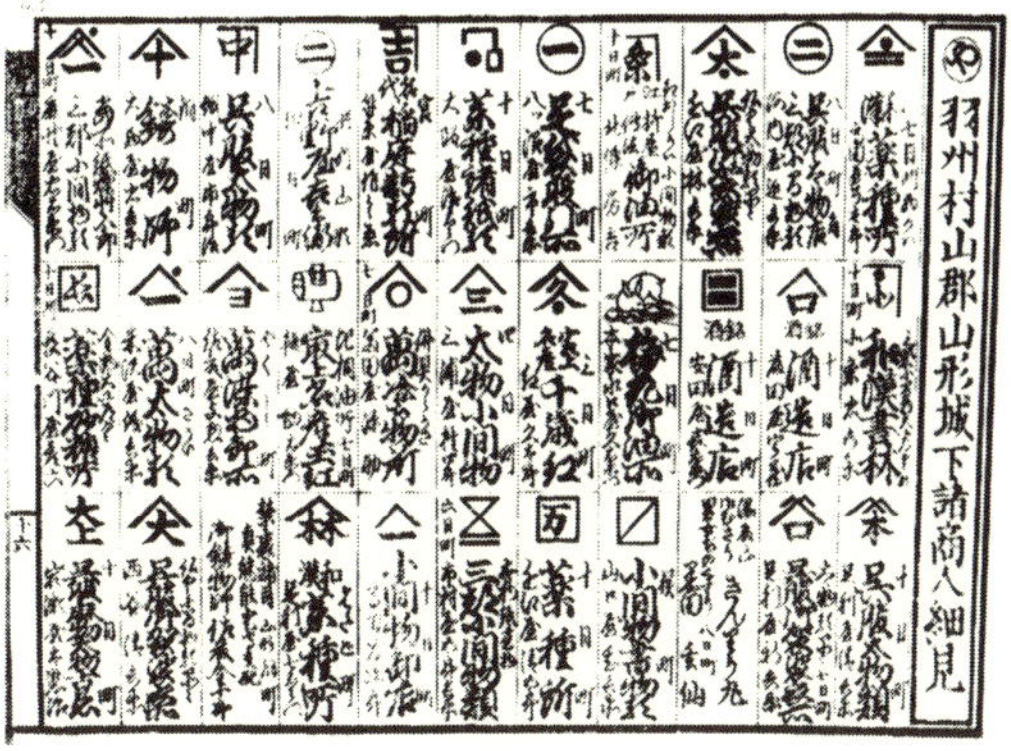

山形城下の諸商人の一部（東講商人鑑）

佐藤利右衛門・中村林兵衛・北条忠右衛門・高田為次郎・鈴木彦四郎などがいる。

これらの商人についても、『東講商人鑑』の看板で業態をみると、佐藤は「呉服太物古着卸店」、中村は「呉服・御袈裟《けさ》衣《ころも》・仏具・太物類品々」、北条は「和漢書類・三都《さんと》小間物《こまもの》・大工道具類」、高田は「小間物卸店」、鈴木は「松前産物・砂糖卸店」となっている。また三日町の紅屋久太郎は「松前産物御所」とある。

佐藤利右衛門は佐藤利兵衛の分家筋にあたり、文化・文政期には紅花商人として発展したことが知られ、それは御用達長谷川吉郎次も同じであった。各商人の取扱商品は、上方または蝦夷《えぞ》地の松前などの商品で、それぞれ専門的に扱っていたのである。生活必需品で需要の多い、呉服太物・古着★の店が多いが、主な商品のすべてにわたっていることから、大量消費の商品店は山形の場合、「卸店」が中心であったとみられる。また近江屋の屋号は、山形に古くから近江との関係のある商人が多いことを示しているが、大坂屋・足利屋《あしかがや》など、江戸後期の商人の出身は全国にわたり多様化したことも知られる。

諸職人の増加と株仲間

諸商人の販売が活発になるとともに、山形城下町では、加工職人や飲食品関係の商店も増加した。商業の活性化のために競争は歓迎されるが、他方、同一商品

▼太物・古着
太物は木綿反物ともいい、古着は、上方の都市などで一度使った衣類品をほごし、なめしたもの。単位は、固、束で表示。

▼塗物屋
塗師町は職人町で、藩への箸御用をつとめることで置かれたが、江戸後期の塗物屋は、椀・盆などの漆塗りで十日町、七日町、檜物町に発達し、塗物屋仲間を形成した。

を販売する商店の間では、仲間をつくって経営の安定を図ろうとする。文化・文政期（一八〇四～三〇）は、幕府や藩も諸稼ぎの統制と冥加金《みょうがきん》上納による財源の拡大のため、特に株仲間《かぶなかま》を認可した時期として知られる。

山形藩では文政十二年（一八二九）二月、塗物屋《ぬりものや》★十二軒仲間の結成を認めているが、さらに天保六年（一八三五）十二月、一二職種の株仲間を定めている。その職種と軒数は次の通りであった。

一、干菓子・蒸菓子・餅菓子　屋株	五七軒
一、足袋・もも引・脚絆　屋株	三八軒
一、麺類煮売株	二七軒
一、豆腐・油揚　屋株	七六軒
一、鱧蒲焼株	三軒
一、青物屋株	一三軒
一、綿屋株★	五〇軒
一、飴屋株	五〇軒
一、鬢附油屋株★	三二軒
一、納豆屋株	一〇軒
一、飾鐺屋株	一一軒
一、煮売茶屋株★	一〇〇軒（当時八五軒）

▼髪附油屋
日本髪用の油。菜種油、木蠟からつくる。

▼煮売茶屋
魚・野菜などを料理して売る店。

払米、紅花商いの鑑札

これらの株仲間を定めた理由について、その前書《まえがき》で次のように記している。近年城下には、上記関係の「商売渡世《しょうばいとせい》」が多くなり、潰店《つぶれみせ》になるものも生じている。そこでそれぞれ商売ごとの仲間の願いにより、株仲間として軒数を定め、鑑《かん》札《さつ》を交付するというものである。この鑑札を所持しない者は、商売を許可しないということであるが、株仲間は一定の冥加金を藩に納入することも定められていたのである。

塗物屋十二軒仲間

すでに文政十二年（一八二九）二月、山形城下町では、塗物屋《ぬりものや》十二軒仲間ができていた。「請証文之事」によると、「塗物商売株式」について願書をだしたところ、許可されたこと、そこで今後毎年、冥加銭五貫七三二文を十二月十五日付で上納するとある。この冥加銭の額は、願書の段階では、年々御納戸《おなんど》買い上げのうちの三ツ椀五〇人前、折敷五〇人前を献上とあって、この「代料」であった。

塗物屋の願書の動きは、長門屋《ながとや》家文書などによれば、文政九年の朱座一件《しゅざいっけん》として知られる。これは幕府の朱座役人★に対し、朱七斤を毎年上納する約束で、仲間商売の認可を願い出たものであった。これが幕府から認められたとしても、仲間一二人が上納の約束を果たすうえで、株仲間として「格別」の藩の認定がなけれ

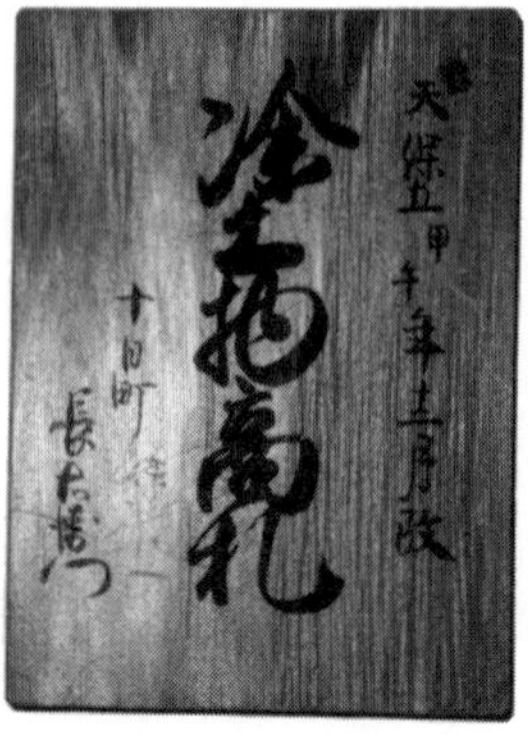

塗物商札

▼朱座役人
朱塗りの「朱」は幕府の統制下にあり、江戸の朱座が全国の流通を取り締まった。江戸の朱座役人が山形に下向したのは、山形の朱塗物の探索のためであった。

ば永続きは困難であった。そこで同十一年十二月、城下の塗物屋一二軒は、所属町の検断《けんだん》・組頭《くみがしら》とともに町役所に願書をだしたのである。その所属町と塗物屋の数は、檜物町四軒、三日町二軒、七日町一軒、十日町五軒となっており、その惣代は、十日町の長門屋長右衛門と富田屋源助であった。

塗物屋仲間の相談「覚《おぼえ》」は一〇カ条からなっている。その主なものをみると、冥加銭は表町一に対し裏町は半割とすること、表町では自分店のほか出店はしないこと、他所からの塗物を商う場合は、その年の当番の世話によって、まず仲間が買い取ること、株の売買は仲間との相談で取り扱うこと、当番は三人とし、一年間仲間の世話をすること、などである。

仲間の規定は厳しく、藩は仲間外で商売することを禁止したが、仲間結成から約一年後の文政十三年七月、次のような一件が起こっている。それは塗物屋惣代の長右衛門・源助と十日町・七日町の検断・組頭の願書によると、株仲間の結成とともに、藩は仲間外の塗店は固く禁止したにもかかわらず、仲間外の八日町弥蔵は、文政十二年夏頃から、塗店を行っていたというものである。弥蔵は質貸・味噌・荒物などを取り扱う富裕商人で、塗物扱いは、古物屋への卸売を行っているとの風聞によるものであった。問題は、株仲間による流通の統制が必ずしも円滑に行われていなかったということであるが、塗物業は山形の伝統的産業として、特に大きかったことが注目される。

②特権町の変貌・発展と祭り

十八世紀末以降、城下町の定期市が衰退する一方、特権町の変化、湯殿山参詣者の増加と八日町の賑わいが著しくなる。町の振興のための祭りも盛んとなった。

特権町の変化

江戸中期には、紅花市《べにばないち》が七日町・十日町・横町に開かれ、山形城下町の六、七月はそれで賑わった。それが干花加工の農村部への導入によって、明和・安永年間（一七六四〜八一）になると、山形の花市は衰退している。江戸初期頃から一斉に開設された定期市も、元禄期（一六八八〜一七〇四）頃から常設店の増加によって変化しつつあったが、この頃には本来の機能をほとんどもたなくなり、歳市《としのいち》★化し、形式的な行事に変わっていた。これは、商品流通の大きな画期であるが、城下町の特権町の解体でもあったといってよい。

城下町山形は、山形藩の中心であるだけでなく、村山郡の広域的な商業の町としての機能をもっていた。山形城下の特権町の一つに肴町《さかな》があり、城下の南に小荷駄町《こにだ》ができると北肴町とよんでいる。山形城下の魚類は、これらの町の問屋

▼歳市
年に一度開かれる市、年末市、正月十日市など。

の特権であったが、明和期頃になると、横町の魚問屋が栄えている。仙台・越後・酒田より生魚・干魚・塩魚を運び、近郷近在のほか他国まで販売するほどになっているのである(『山形風流松木枕』)。また江戸後期になると、出羽三山特に湯《ゆ》殿山《どのさん》参詣道中の宿場としても賑わった。八日町は、最上義光《よしあき》が慶長五年(一六〇〇)、上杉軍との出羽合戦を行ったとき、誓願寺《せいがんじ》が湯殿山への戦勝祈願を行ったその恩償として、湯殿山参詣の宿場町の特権を与えられたことで知られる。

『山形風流松木枕』によれば、八日町は一八〇軒の町であるが、六、七月になると、関東から奥州に至る湯殿山参詣の「行人《ぎょうにん》」が、どの家にも六〇〇人から一〇〇〇人までも宿泊し、商人もまた出入りし、三カ月の働きで「一ヶ年の渡世」を行ったとある。また『山形雑記』には、「夏気ニナレハ、諸国ゟ《より》白キ行衣ヲ着セシ行者《ぎょうじゃ》、百人組又ハ弐百人組杯《など》、色々講中打揃《うちそろい》参リタル時之旅籠屋《はたごや》、八日町株」云々とあり、宿屋ばかりでなく、町は見物・買物でも賑わった有様を記している。

城下町は参詣者が泊まる宿屋だけでなく、土産物《みやげもの》の売り店も繁昌した。土産品は三山の掛物類のほか、麻布《あさぶ》・真田紐《さなだひも》・阿古耶紅《あこやべに》・銅鉄器・塗物・陶磁器など多種にわたっている。これらの土産品で注目されるのは、一つは、紅・銅器など山形の伝統的な特産物であるが、もう一つは移入品も多いことである。麻布は越後や奈良より、陶磁器では、平清水《ひらしみず》焼のほか伊万里《いまり》焼なども売られた。これは酒田

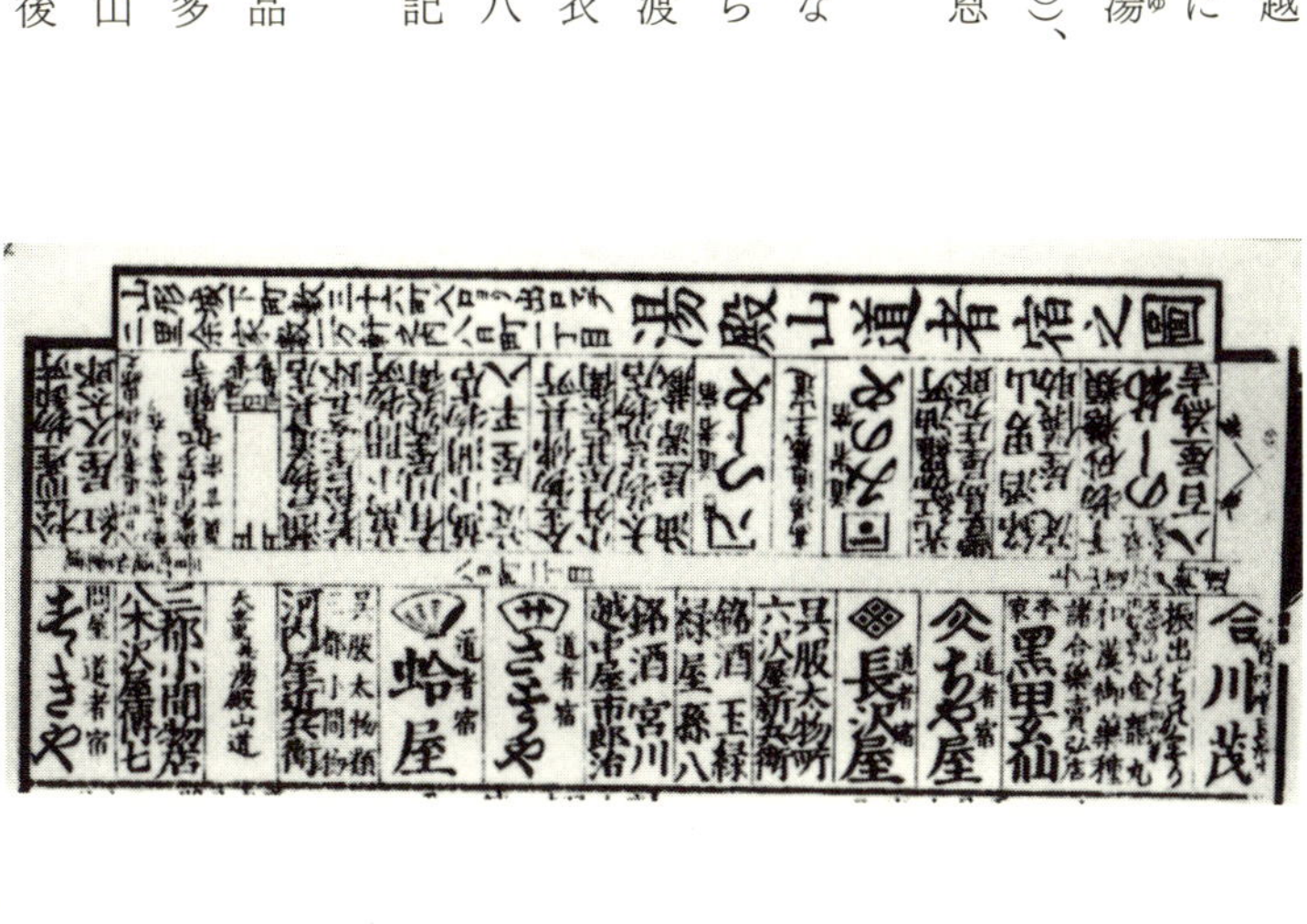

八日町湯殿山道者宿図（東講商人鑑）

から最上川を船で運んだもので、仙台・福島方面など太平洋側の人々に歓迎されたという。

また、行者の山形土産で注目されることは、八日町ばかりでなく、麻布は十日町の丸谷（長谷川）・米沢屋など、阿古耶紅は三日町の伊藤甚作店、塗物は十日町の長門屋・平野屋など、城下町各町の有名店に広がっていたことである。

天明年間（一七八一〜八九）に始まるという八日町の薬種店、黒田玄仙家の発展が注目される。同家は、『東講商人鑑』には「振り出し血の薬」（特に婦人病に効く）本家とあり、得意先は山形・鶴岡・酒田などのほか、東北各地の農村部にも広がっていた。その総数は九六八店に上り、特に湯殿山参詣と深い関係があったことが知られる（高橋信敬、「山形の薬本舗黒田玄仙と湯殿山行者」『研究資料集』二九）。

祭りと町の振興

山形藩秋元氏は六万石の大名であるが、山形城下町は、最上氏領五十七万石の中心として設計されたところである。町の規模が大きいとともに、寺社の数も多かった。最上氏時代は寺数七一カ寺に上り、寺社方全体の人数は三六四一人となっている。『山形雑記』によると、寺社人数は一八八九人とあるので、秋元氏時代になっても寺数はほとんど同じであるが、人数では約半数に減少したことにな

義川の道中版画「八日町の図」

る。その背景には、城下の家臣数の激減とともに、宗教に対する社会的観念の変化があったともいえよう。ここに含まれる者は、出家・山伏《やまぶし》・神主《かんぬし》・道心者・衆徒とよばれる人々と家族である。

山形城下には、千石以上の朱印地をもつ時宗光明寺《こうみょうじ》（一七六〇石　七日町）、真言宗宝幢寺《ほうどうじ》（一三七〇石、地蔵町）があり、山寺立石寺《りっしゃくじ》も一四二〇石の寺領をもっていた。また、最上義光が娘駒姫《こまひめ》を弔うために建てた浄土真宗専称寺《せんしょうじ》は、朱印地一四石であるが、御門内に一三カ寺の塔頭《たっちゅう》を配していた。そして寺侍をおいて寺町を形成し、城下町の東部に配置されて、守りの要地を占めていた。

山形城下の祭りの中で、特に大きなものは、東西南北の要地に古くから立地した神社の祭りであった。『山形雑記』は山形の主な祭礼として、薬師《やくし》祭礼・両所宮祭礼・諏訪《すわ》祭礼・熊野祭礼・八幡宮祭礼・天満宮祭礼をあげている。近くにも千歳山大日如来祭があり、院役《いんやく》村の大タカ町広場も人々の参集で独特の賑わいのあるところともある。

これらの祭礼の中でも、薬師祭礼は出羽国分寺の祭りとして賑わった。旧四月八日には、参詣者は山形城下だけでなく、楯岡・大石田など遠方からも集まり、『山形風流松木枕』には「博奕《ばくち》・諸商人弥か上群集して、此門前ニハ坪木作り、松色々さまざま売買仕る」とある。また北町方鎮守の両所宮、南町方鎮守の八幡宮でも、六月十五日、八月十五日を中心にそれぞれ祭りが行われた。たとえば八幡宮祭礼では八月十五日から十七日まで、近郷近在からも参詣者が集まり、境内には「茶屋軒を並へ、操《かるわざ》・芝居・博奕・福引などで、昼夜の境なく賑わう」と記している。

ところが、明和四年(一七六七)閏九月、山形城に入部した秋元氏は、これまで祭りなどで慣行化していた「賭事《かけごと》」、特に博奕を禁止した。一方、祭りの振興策として、これまで家中の参詣は一祭礼には二日限りとしたが、今後日数は限定せず、ただし家中の権威を落とすことのないようにとの通達もだされた。また博奕に代わり、角力《すもう》・小芝居《こしばい》・小見世物《こみせもの》などは進んで開くようにと指示している。これによって博奕がなくなったとは思えないが、芝居興行などが盛んになったことは事実であろう。

『山形雑記』の院役村先の白河原広場の集まりの説明では、ここは博徒《ばくと》の頭、和合村佐吉の持場とある。ここに博徒の子分たちが集まり、近くの娼妓《しょうぎ》・芸子《げいこ》などを呼び集め、花かるたなどの店を開き、百匁蠟燭を立てたり、胴取《どうとり》★の前に金を山のように積み重ねるなどの有様を、他領のこととして紹介している。『谷柏《やがしわ》村御用留帳』にも、天明元年(一七八一)七月に、坂巻河原で芝居があるというので近所は急に物騒《ぶっそう》になったこと、芝居見学のあと決して博奕をしないこと、などとあることは、当時の世相を伝えるものとして興味がある。

秋元氏時代のもう一つの町の振興策は、芸娼婦の公認である。山形の旅籠町は、

▼胴取
胴は博打の場所を提供した人で、その場所代のこと。

羽州街道における重要な宿場町の一つであるが、文政年間(一八一八〜三〇)まで、飯盛女・遊女を抱えおくことは認められていなかった。同じ羽州街道の上山《かみのやま》城下では、元文二年(一七三七)に旅籠屋中の願書によって、上山藩に一定の冥加金《みょうがきん》を納める条件で許可されている。その後、風俗の乱れからこれを禁じたが、旅籠屋中の再度の願いによって文化五年(一八〇八)、これが復活し、飯盛女が公認された。上山は城下町としては小規模であるが、温泉町としての遊客が多かったこともある。

山形城下でも旅籠屋の繁昌のために、芸娼婦を認めてほしいとの願書はあったが許されず、これが公認されたのは秋元凉朝《すけとも》時代の文政四年(一八二一)であった。そこでこの頃から、旅籠町・小姓町には、越後・酒田からも「美婦人」がくるなど、芸妓も増え、時勢が一変して繁華街になったともいわれている(『山形雑記』)。

③ 災害・飢饉と騒動

宝暦・天明・天保の大凶作の襲来と経済の転換に直面し、村・町に騒動が起こる。藩の困窮者に対する飯米対策、洪水の被害者救済も実施された。火災の防備のため、町火消しの組織も発達した。

主な凶作・飢饉

農業を主たる産業とする江戸時代は、稲作が冷害または旱害によって収穫が減少すると、農民は困窮し、ただちに米価が高くなり、物価全体に影響を与えた。江戸時代でも農業技術の発達はめざましいが、凶作・飢饉はくり返し発生した。

その中でも東北の大凶作として知られるものは、江戸中期から後期にかけての、宝暦五年(一七五五)、天明三年(一七八三)、天保四年(一八三三)の三大凶作である。大凶作は一年で終わることはなく、二、三年と続く場合が多い。この約八十年の間に三回も大凶作が襲ったことは珍しいことであり、しかもこの時期は、江戸時代の中でも社会・経済の転換期であったことから、その影響は大きかった。

宝暦五年は、山形・上山地方の夏は土用も寒いという冷害で、谷柏村《やがしわ》（山形市）の『谷柏村御用留帳《ごようどめちょう》』によると、山寄りの田地はまったく実入りがないことから、十月になると村寄合で、年貢の金納と夫食米《ふじきまい》配給の願書を決めている。また同月十九日と二十二日付では、山形と天童の町方で、下層町人が米価の高騰を理由に米商人の打ちこわし騒動を起こしたことを報じているが、これは各地における一般的な状況でもあったのである。

天明三年の凶作は、宝暦五年以上であった。谷柏村の『御用留帳』によると、当年は山作・里作とも大違作で「青立《あおだち》同前」とある。五月に入ると、米価の引き上げを理由に、山形では三日町・七日町・旅籠町で問屋の打ちこわしがあり、周辺の平清水村・岩波村でも徒党★の「家つぶし」が起こっている。「いか様之騒しき事出来候哉難斗《はかりがたし》」という、これまでにない状況がみられた。八月頃になっても、米価は平年であれば一〇両につき五七俵であるのが、当年は二一俵であるという。上山の記録では翌天明四年になると、一〇両につき一三俵とさらに高騰したことが知られる。

天明三年の凶作・飢饉対策については、村山郡内の幕府領・諸藩の各領主が、「郡中《ぐんちゅう》議定《ぎじょう》」★を結び、一致してこの対策に乗りだすことになった。これは幕府領の大庄屋《おおじょうや》・村役人が主導したものであるが、凶作による飯米《はんまい》不足—飢饉（餓死者の大量発生）に対し、領域を越えて村山郡全体の「議定」を結ぶということは画期的なことであった。幕藩諸領とは、幕府領三代官所・一御預所《おあずかりところ》、山形藩・上山藩・新庄藩のほか、分領四、旗本領一を含む一一カ領で、締結者は各惣

▼**徒党**
幕府や藩のやり方、統制に反発する人々の集団。

▼**郡中議定**
一つの郡に幕府領・諸藩などいくつかの領域が入り交じる村山郡では、十八世紀末になると、各領域代表の大庄屋・村役人が一つの議定を結んで、流通統制などに対応した。

代名主《なぬし》八人、大庄屋八人、町年寄《まちどしより》一人となっている。

町年寄は山形藩秋元氏領の代表である。秋元氏の石高は六万石であるが、山形城付領として村山郡にあるのは三万三千石余で、そのうち二万石余は山形城下の町方分であった。山形藩を代表する一人、町年寄★（山形町五十嵐五郎）は、各町の検断とは別に選ばれていたものであろう。

議定の主な内容は、近年不作続きのうえに、天明三年の大凶作で、困窮者続出の恐れがあり、この対策に幕藩領が一致してあたる必要がある。具体的には、酒造の禁止で、これを破った場合は罰金を課し、酒造道具など一切の取り上げとすること、口留番所《くちどめばんしょ》を峠道など郡内八カ所と、最上川にも設けること、大小豆・大麦・粟・稗など一切の穀類の移出を禁止する、というものであった。この「村山郡中議定」は、その後幕末まで数回、情勢に応じて結ばれたことも知られる。

山形藩の凶作・飢饉対策

「郡中議定」による取り締まりのほかに、山形藩・上山藩などでは、城下町を中心に独自の米穀統制を行っていた。天明四年(一七八四)四月、山形藩は山形東部を東七郷とよび、関根《せきね》・新山《にいやま》・行沢《なめざわ》・上宝沢《かみほうざわ》・下宝沢・釈迦堂《しゃかどう》・妙見寺《みょうけんじ》の各村々に対し、厳重な穀留令《こくどめれい》を出している。米の運搬はすべて「通判《つうはん》」で行い、こ

▼町年寄
城下町の町役人の一人。各町ごとに置かれた検断、組頭などと別に、町の有力者が選ばれた。

れがないものは差し押さえ、月番町年寄に届けるものとした。通判は「飯米《はんまい》之《の》通《かよい》」ともいい、名主が認め、百姓名を明記したものである。

この制度ができたのは、東七郷の山形町検断への特別な要求によるものであった。町検断は、町方の困窮民の飯米を確保するため、城下町の米穀などの取り締まりとして、笹谷《ささや》街道への入口にあたる小白川《こしらかわ》村・小荷駄《こにだ》町の穀留は特に厳重にしていた。しかし、この街道沿いの東七郷は、古くから山形と関係が深く、山村で田地が少ないため、ほとんどの飯米は山形城下からの買い入れを慣行とした村々である。そこで郡中取り締まりの中でも、特別に「通《かよい》」に照らして改番所《あらためばんしょ》の通過が認められ、この「通」は、村人別によって一軒ごとの飯米高を調べ、一人五合ずつの定めによるものとしている。そこで「穀留改方覚《あらためかたおぼえ》」では、脇道を通ったり、「通」に違反して米を運ぶことがないことを確認したものとなっている。

天保四年(一八三三)も冷害による大凶作で、その予想が立つと夏時分から村山郡内への入米がなくなり、また米商人の買い占めによって米価が高騰した。専称寺『事林日記』は、同年十二月一日付の寺社役所の通達として、米穀不足による飢人発生のため、山形城下の富裕者、村居屋権八《ごんぱち》・長谷川吉郎治《きちろうじ》・佐藤屋利兵衛などの米金拠出による粥施行《かゆせぎょう》を、町方五、六カ所で行うことを報じ、ついては、門前者などで極《ごく》困窮者があれば、人数・年齢を記して報告することを求めた。また高岳の寺院や有徳者で施行希望の向きは役所へ申し出てほしい、とも述べている。

専称寺「事林日記」

また『山形雑記』は、天保四年の飢饉について、まず山形市中の極貧者の中には、米を三日間食べていない者、「乞食体之者行臥し有之由《こじきていのものぎょうがこれあるよし》、所々お届出《より》、検使《けんし》騒《さわぎ》」が起こっている状況を記している。また、町中に三カ所の御救役所《おすくいやくしょ》を設け、米粥をそれぞれの鑑札によって、「安払《やすはらい》」、または「御救」を行ったとある。町には無宿者《むしゅくもの》が多くなり、畑作物の「小盗」が増加し、召し捕らえられて牢に入れば、御上《おかみ》の賄《まかない》に与ることができることから、牢屋も満員の状態であるとも伝えている。

馬見ケ崎川の洪水と山形

山形城下町は、蔵王《ざおう》山脈から流れる馬見ケ崎川の扇央部《せんおうぶ》につくられている。馬見ケ崎川が現在地を流れるようになったのは江戸時代初頭であるが、その頃から城下町の中心部を笹堰《ささぜき》・御殿堰《ごてんぜき》・八ケ郷堰が流れ、これらが周辺部農村の灌漑用水として、また町方の生活用水として重要な役目を果たしてきた。江戸後期には以上のほかに宮町堰・双月堰《そうつきぜき》を加えて五堰とよばれるが、いずれも馬見ケ崎川から取り水したものである。

しかし馬見ケ崎川がいったん洪水になって、水門を破り、堤防を決壊して市街地に乱入すると危険であった。小さな被害はしばしば起こっているが、特に大きな被害があった年としては、享保八年(一七二三)と文政七年(一八二四)が知られている。『古今夢物語』によれば、享保八年八月の洪水は、旅籠町・百姓町・小橋町・北肴町などを中心に浸水し、潰家一七軒・半潰家一二〇軒の被害をだした。この年は田畑の冠水も多く、約一万石の地は河原同様になったとある。また、文政七年八月の大洪水も馬見ケ崎川の増水によるもので、小白川天満神社下の石垣が崩れ、被害地は享保八年のときの町々のほか、鍛冶《かじ》町・宮町にも浸水が広がった。旅籠町の北方は一面、泥砂が二尺余も積もる状態になったという。

文政七年八月の大洪水では、須川の増水による流域村々の被害も大きかった。黒沢村・片谷地村では、一面の水押しで「大破」したところが多く、鮨洗《すしあらい》村・志戸田《しとだ》村でもその悲惨さが後世に語り継がれ、石碑に刻み残されている。須川に架けられた羽州街道の橋に坂巻《さかまき》橋があるが、記録によればこの橋は、宝暦二年(一七五二)から幕末まで一二回も架け替えられたことが知られる。明治十一年(一八七八)につくられた常磐《ときわ》橋は、石造りで美しい五つ目橋として山形の名所の一つとなったが、これも明治二十七年の洪水で流されている。

主な火災と町火消

家屋が密集する城下町には火災が多かった。江戸時代の家屋の構造は一般に木

須川の坂巻橋(「音羽子道中絵日記」)

造で、屋根が茅《かや》・藁《わら》あるいは木羽葺《こばぶき》であるので延焼しやすかった。荒井正慶氏の筆写による『古今夢物語』は、江戸中期以後の山形市街の大小の火災を記録しているが、一〇軒以上の火災が多いのに驚かされる。

文政年間(一八一八〜三〇)に限ってみても、一九件中一六件は一〇軒以上の火災であった。この中に、江戸時代最大の文政二年四月の大火がある。この大火で旅籠町通り一三九軒、七日町九八軒を焼失したほか、六日町・鍛冶町など北部一帯に燃え広がったのである。焼失した家数は五三五軒、寺院一三、その世帯数一〇〇〇余と記録されている。「山形城下始より、前代未聞の大火」であった。

このほか文政年間の火災には、文政元年二月、横町から出火して町内八分通りが焼失したもの、同九年二月、八日町から出火し、家主三三軒、借屋一三軒の計四六軒が焼失したもの、さらに同十三年七月、銀《しろがね》町から出火し、桶町の東・西両側、塗師町のほとんどが焼き払われる大火もあった。

このような火災に備え、城下町では早くから町方火消組《ひけしぐみ》の発達がみられた。全国的にも町火消《まちびけし》の組織や器具が早くから整備されたところとして、庄内の鶴岡があげられる。鶴岡では寛文十一年(一六七一)に町火消が組織され、惣町を四手に分けて、同心《どうしん》各二人と火消人足《にんそく》を定めている。防火用の井戸、火消道具として竜吐水《りゅうどすい》が使われたのは宝暦六年(一七五六)であった。

山形の火消組の始まりは不明であるが、元禄年間(一六八八〜一七〇四)にはその活動が知られる。旅籠町三沢家文書元禄十一年の記録によれば、火消人足は、小《こ》清水庄蔵《しみずしょうぞう》・鈴木四郎左衛門・鈴木太郎左衛門の各組二五〇人、合計七五〇人とある。また、彼らは火災が発生すれば、居合わせしだいに手桶《ておけ》・梯子《はしご》・鎌・熊《くま》手《で》・大綱などをもって火元に駆けつけ、各町からは昼は小旗、夜は提灯《ちょうちん》をもって検断・組頭とともに集まり、町奉行所の指揮で消火にかかるとある。

城下の各町におかれた三、四カ所の「自身番所《じしんばんしょ》」は、町内の警備とともに火事への備えを主な任務としている。特に大名の所替えと御上使の滞在中は、各家の前に、梯子・水ほうき、水の入った手桶をおくことになっていたのである。しかし、この頃の消火器具はまだ幼稚であった。

江戸後期から幕末になると、火消道具にも技術の進歩がみられた。明治四年(一八七一)十一月、山形役所が提出した「従来慣行ノ非常手当取調書」によれば、当時の防火器具や組織が知られる。まず器具では、竜吐水を備えた町は九町、「鉄火鎖《てつひぐさり》」のある町は一町で、これらの器具のない町は、鳶口《とびぐち》・水籠《みずかご》などがあるとし、ただし竜吐水は「家ニ私有ノモノ数多有之」とある。組織の面では、各町の検断・組頭が防火夫を指揮し、すべての世話をするとあり、郭内の火災については、月交替で各町に割り当て、人足五〇人ずつ「御殿エ駈付相働」くこととなっていた。

この頃になると、行政機構の変化は激しかったが、消防などは旧慣を踏襲して

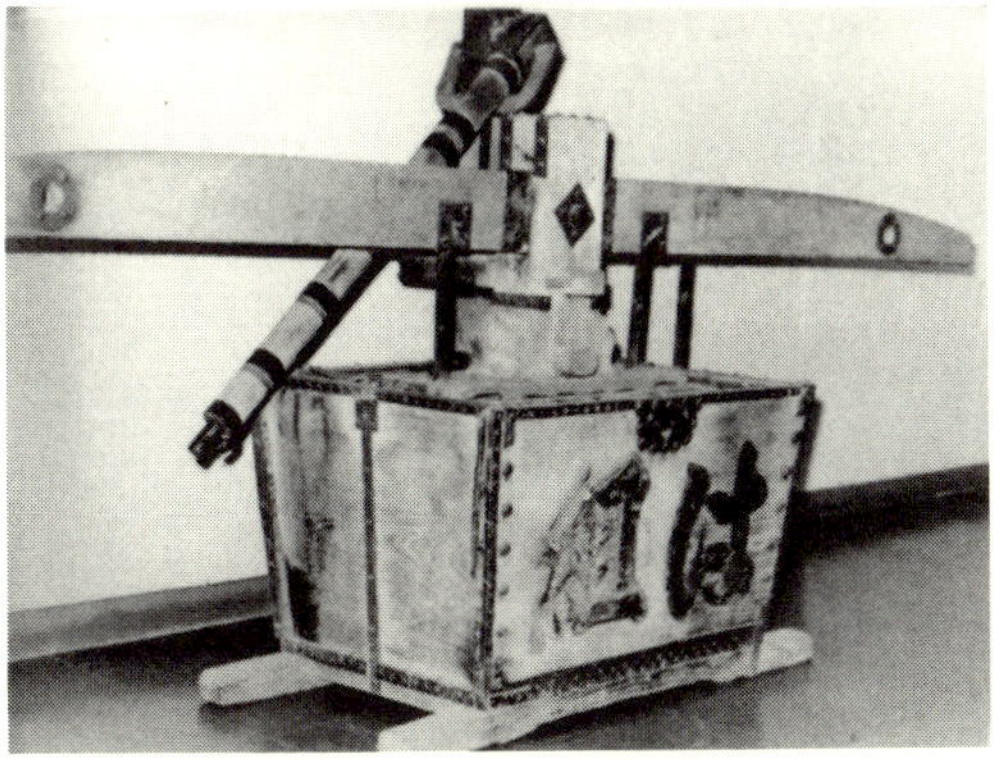

竜吐水

いた。この中で注目されるのは、消火器具として最も能力のある竜吐水が、個人所有のものが多いということである。問屋《といや》卸店《おろしだな》など大商人の多い山形の町の姿を物語る点の一つであろう。

村山一揆と山形

江戸中期以後、特に宝暦五年(一七五五)および天明三年(一七八三)の大凶作による飢饉を中心に、山形城下町でも貧窮・下層民による米商人・高利貸商人への打ちこわしがしばしば起こった。中でも大きなものは、享和元年(一八〇一)六月末から七月一日にみられた村山一揆である。

この一揆は、天童宿の周辺、山形城下町の周辺村々の下層農民たちが、貧窮救済の要求を諸領主に手渡すとともに、一方、地主・豪農商への打ちこわしを実行するという、計画的かつ広域的なものであった。山形藩の物頭月番《ものがしらつきばん》の記録によると、六月九日には、町方の米価について騒動の噂が立ち、火の組当番は巡回を厳重にするよう通達がだされている。十二日の夜は、鉄砲町の八幡神社で早鐘《はやがね》をつくものがあるとして警戒し、十六日の夜は、盃《さかずき》山で大勢の人声が聞こえ、花火に驚いたが、調べたところ徒党《ととう》ではないことがわかった。しかし、騒動への不安は高まり、藩では主な神社の境内を中心に、城下町の警備を強化するよう指示している。

以上の風聞は、根拠のない情報ではなかったようである。天童宿周辺での豪農の打ちこわしは、六月二十七日夜から始まり、三日間で一四軒が対象となった。一揆参加者は、数千人あるいは数万人ともいわれたが、突然に起こったものではなく、首謀者たちの指導と計画によるものであった。

一揆衆の襲撃目標の一つは山形四日町の米問屋であったが、なかなか実行できなかった。それは農村と異なり、城下町としての警備が厳重であったためである。『村山一揆記』によると、それが実行に向かったのは、六月二十九日の午前で、約二〇〇人の徒党が沖ノ原に集まり、そして銅町から宮町へ突き進んでいった。そこで番所固めの足軽勢七、八〇人と対峙すると、徒党の代表が五つの要求を読みあげている。

それは、米・酒の値段の引き下げ、質物の利子の引き下げ、また油粕《あぶらかす》などの仲買をやめて、持主の直売《じきう》りとすること、さらに四日町の米問屋の打ちこわしの実行であった。これに対する藩の回答は、米価の高値は天候次第によるものでどうにもならないが、貧窮者の救済については考慮したい。しかし、打ちこわしは半軒たりとも許さない、というものであった。

そこで激しい雷雨の中で乱闘となったが、一揆勢は一部犠牲者をだし、完全に追い返されたかたちとなっている。

『村山郡百姓騒動之事』（表紙）

人数では一揆勢が優っていたが、一揆側の武器が、一部に脇差《わきざし》・槍をもっていたものの、大部分は斧・棒・石塊であるのに対して、足軽方は十手《じって》に刀をもち、鉄砲も用意するという差があった。その後一揆勢は、七月一日にかけて数回、沖ノ原や馬見ケ崎川の河原に集合して、城下町への乱入をうかがったが実行することはできなかった。それは、城下町警備のための足軽の増員のほか、番所固めに玉込め鉄砲が配置され、町人足の動員による警戒があったためとみられる。

しかも、一揆勢は一二人の逮捕者をだしている。彼らの出身村は、沖ノ原・長町のほか、中里・荻野戸・山寺・中野などの各村で、山形近辺でも広範囲にわたり、領域もいろいろであった。一揆の指導者には国籍不明の人物も交じっていた。参加者の多くは若者で、困窮者・下層民であったことも知られる。

一揆は幕府領・諸藩の鎮圧軍によって抑えられ、一揆首謀者は獄門《ごくもん》などの厳しい処分となったが、一方、一揆勢の諸要求もほとんどうけいれられている。要求の取り扱いは、村山郡内の幕府領・藩領全体の合議によって決められたが、当面する社会問題の現状を認め、民生第一の結論を優先したことによるものであったといえよう。

④ 五堰をめぐる町方と村方

いわゆる五堰は、山形城下町と周辺農村の開発と一体のもの。
堰水ははじめ、堀水と水田への灌漑用水がすべてであったが、
江戸中期以降、町方の生活用水、環境美化にも使われ、水車稼ぎなどをめぐる問題も多くなった。

五堰の分水慣行

馬見ケ崎川の扇状地につくられた城下町山形は、堰の開削および周辺の開発とともに発展・整備された。山形の北部を東西に流れる馬見ケ崎川が現在の姿になったのは、寛永元年(一六二四)八月、前年の大洪水による城下の大被害をうけて、鳥居《とりい》忠政《ただまさ》が流路変更の大工事を行ったことによるものであった。このとき小白川の左岸の北河原を普請し、右岸の鎌倉山（盃山）を切り崩して流れを北に向け、左岸は国分寺薬師堂通りまで大石垣を築いたと伝えられている。

それまで、馬見ケ崎川からの引き水は、城下町方や周辺村々が勝手に行っていたものが、以後は「堰口一筋」になったという。堰の一つは妙見寺西方を取入れ口とする大高堰《おおたかぜき》で、これは上堰・中堰に分けられ、もう一つは大高堰水門から下流一〇〇間のところを取入れ口とする下堰の三つである。これらはのちに、笹

堰・御殿堰および八ケ郷堰ともよんでいる。八ケ郷堰は、馬見ケ崎川の旧河道にあたるものであった。江戸中期になり、新たに右岸に宮町堰、左岸に双月堰がつくられて、これらは山形の五堰とよばれている。

これらのうち四堰は、山形の町方を流れ、ほぼ西側に広がる村々の灌漑用水として利用された。その範囲は、笹堰が一七カ町一〇カ村、御殿堰は町の中央を流れていったん山形城の堀に入るが、利用町村は六カ町一カ村、また八ケ郷堰は四カ町八カ村で、山形城下と須川との間に広がる北半分の村々が主として利用した。

水は、春・夏の必要なときに不足することが多いので、奪い合いを避けるため各堰の分水比率が定まっていた。五堰の比率は、笹堰五分、御殿堰二分、宮町堰と双月堰はともに一・五分となっている。この分水量の決定には、本流の表流水のほかに、各区間の地下水湧出による水量を加算する方法などの工夫もみられ、その後も、合理的配分法として維持されている。この慣行は、江戸中期以来のものとみられるが、分水率と水量を測定する仕事は、古くから小白川村の佐藤清三郎家に代々任されていた。また、これは明治期以後も基本的に守られ、大正八年(一九一九)に追認されていたことも知られる。

三の丸の家中屋敷には、主として御殿堰・笹堰のうちから「枝堀」として取水した。家中屋敷も中期以降になると、初期に比べれば半分以下になったこともあってか、引き水の問題は知られていない。江戸後期を中心に記した『山形雑記』

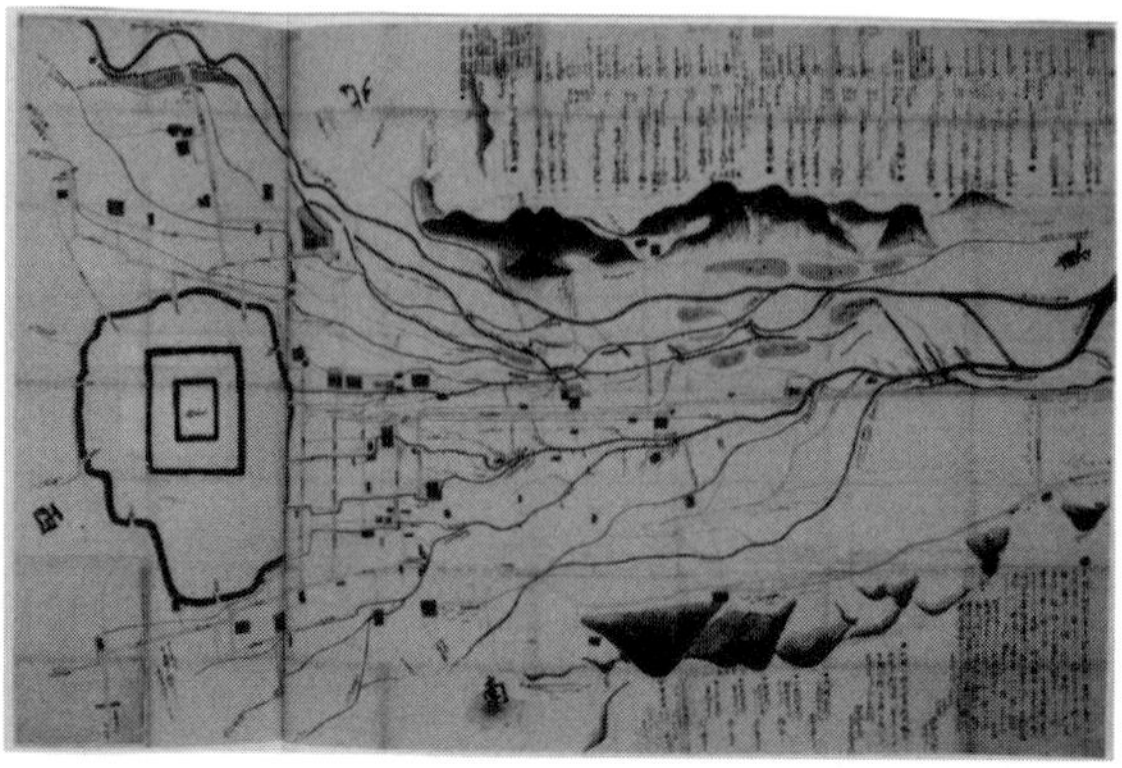

幕末の山形水路図

には、「凡《およそ》城内ニ斯く水ニ富《と》場《む》所は多く有《ある》間《ま》敷《じく》」とある。

そこで三の丸の家中屋敷では、洗物や浴室などに使うほか、池を掘って滝を流したり、鯉・金魚・水鳥などを飼うこともできるとして、水の豊富さを自慢している。山形は奥羽山脈に近く、そこから流れる馬見ケ崎川の水も豊かであることを誇りにしたい一面もあったようである。この水の豊かさは、山形城下の町方にとっても共通していたといってよい。

また、寺院庭園の有名なところとして、光禅寺《こうぜんじ》・宝幢寺《ほうどうじ》が知られる。光禅寺はもと七日町地内にあったが、最上氏改易後に現在地の三日町に移された。その庭園は造寺当時からのもので、小堀遠州の作風を残したものである。宝幢寺庭園（山形市、現・もみじ公園）は、松平直矩《なおのり》時代（元禄初年）に造営されたことが知られている。

ただし山形も、春半ばから夏期かけて水田の灌漑用水が必要な季節になると、水不足が生ずる。寒暖の差の激しい山形の気候にもよるといえよう。厳しい分水慣行も、そのためにできたものであった。

町方と村方の争い

堰の利用をめぐっては種々の問題が発生したが、それは堰の開削目的と、その

光禅寺庭園

維持・管理にかかわっていた。五堰の目的は、本来、山形の周辺農村の農業用水と城堀の水の確保が主要なものであるが、町方の生活用水としても重要なものであった。特に後者は、後期になるほどその必要度が高まってきた。

御殿堰の下流の分水問題として、宝永三年（一七〇六）の水論がある。これは山形町・志戸田村と船町《ふなまち》村・江俣《えまた》村など八カ村の争いで、二の丸の北不明堀《きたふめいぼり》★から流れる水の分水率をめぐるものであった。その結果は、安堵《あんど》橋付近の山形町と志戸田村が七分、領主厩《うまや》屋敷二分、三の丸堀への落水《おちみず》一分で結着している。

幕末の安政二年（一八五五）に起こった「八ケ郷堰一件」は、水下《みずしも》の八カ村と六日町など山形町方との間の複雑な問題もからんだ紛争として、幕府への出訴に発展した。八カ村惣代の中野村・陣場《じんば》村両名主《なぬし》による「一件始末書」によって、八カ村側の主張を要約すると次の通りであった。

第一に八ケ郷堰の分水が近年減少した理由は、山形藩水野氏領下の町村が、新開地を古田《こでん》と偽ったり、実際に水田でないところを専称寺《せんしょうじ》や龍門寺《りゅうもんじ》の朱印地と称して、堰水の落水を計っているためであること、第二に、搗屋《つきや》★を設けるため水車を仕掛けることは、水をため減水となるために注意したところ、この堰は六日町堰であると言い張ること。第三は、田主《たぬし》方の村々の利害から起こった一件であるにかかわらず、山形藩（水野氏）は、一件にかかる入用費を町方全体に割り付けたためである。また、八ケ郷堰の八カ村が「組合村」として一致して留水《とめみず》を

▼北不明堀
二の丸の北向きの城門を一名、あかずの門と呼び、その別名。

▼搗屋
玄米を白米にする業者。

行っているときに、この中の一村である内表《うちおもて》村だけが山形藩に属することから、水道方の特別の計らいで流水したことは不当である。第四に、八ケ郷堰の引水人足《ひきみずにんそく》の通行について、以前は鑑札《かんさつ》持参であったが、その後、堰筋の通行は自由となっていたところ、再び通行取り締まりが厳しくなったのは不便であるとして、通行自由に戻すようにしてほしい、というものであった。

八ケ郷堰の旧来の慣行が、町方の水車稼ぎや「町々雑水」など、新たな用水権の拡大によって動揺したことを示している。また幕末の山形藩水野氏が、その領域である町方保護の立場から、慣行無視を助長したとみられている。

水の利用をめぐる争いの背景には、山形城下周辺村々の領域錯綜の問題があるが、さらに深刻化しているのである。

堰浚い慣行・ごみ流し対策

用水堰を円滑に利用するうえで、「堰浚い《せきさらい》」（水路掃除）は、利用集団の重要な年中行事であった。笹堰は利用する町村も多く、枝堰もいくつかあったが、町方と村方の水利紛争は比較的少なく、堰浚いの人足動員なども、整然と行われていた。寛政二年（一七九〇）の堰浚いの丁場《ちょうば》割り当てをみると、人足合計は五〇〇人のうち、町方が八日町四八人、十日町五〇人、三日町二六人、材木町三〇人など

五堰と関係町村

堰名	町村数	関係町村名
笹堰	17 町 10 村	二日町、三日町、五日町、八日町、十日町、横町、上町、小荷駄町、各職人町、平清水、小立、本木、吉原、南館、沼木、飯塚、上椹沢、下椹沢
御殿堰	6 町 1 村（＋ 8 村）	七日町、旅籠町、肴町、下条町、小橋町、皆川町、志戸田、（船町、江俣、新田、吉野宿、陣場、中野、鮨洗、内表）
八ケ郷堰	4 町 8 村	四日町、六日町、鍛冶町、歩町、新田、吉野宿、鮨洗、船町、中野、内表、江俣、陣場
宮町堰	2 町 1 村	宮町、銅町、今塚村
双月堰	6 村	双月村、上山家村、下山家村、大野目村、植野（高原）村、青野村

注：これは主たる町村で、のちになると関係町村は増加した。

三二五人で、他は沼木村一七五人となっている。この水路は小荷駄町から町方を流れて、流末は沼木村の田地にかかるものであった。

御殿堰について、元治二年(一八六五)の堰浚い丁場割り当てをみると、その区間と長さを指定し、取水地から一番水門まで一三〇間を志戸田村、以下七日町一二三間、下条町一三一間、肴町一四六間など一〇カ町が担当している。この場合の基準は、一軒につき一間三分の面割《めんわり》であった。

御殿堰では、塵芥《じんかい》★流しは通水を妨げるとして、しばしば藩の水道方が触書《ふれがき》をだしている。専称寺の『事林日記』によれば、この触書は文政年間(一八一八～三〇)以後に特に多くなるが、塵芥流しは、城内の井戸不足に輪をかけて通水を悪くすること、一方雨になると、道路などに汚水が流れ出し、町が不潔になるというものであった。堰筋の取り締まりにはこのほか、庭などに泉水や水留めをつくることは古くから禁止対象であること、防火用の入れ水は、役所の許可を必要とすること、などがみられる。

塵芥流しは堰の通水を悪くするが、一切禁じたものではなかった。それは明治期(一八六八～一九一二)の組合規約などからも知られるように、塵芥流しには一定の時期があったのである。肥料の少ない江戸時代には、ごみも水田の「養い水★」として、流末の水田では必要としていたことも見落としてはならない。

八ケ郷堰は、堰筋の管理の最も難しいところであった。明和八年(一七七一)七

▼埃芥
ゴミ。生活の向上に伴い排出量が多くなった。

▼養い水
田畑の肥料分を含んだ水。

八ケ郷堰(現在・神明神社の裏)

月にだされた堰浚いに関する一札によると、この堰では長い間、堰浚いは行われていないこと、本堰筋には町方への引き水が多いことを確認したうえで、三つの注意事項をあげている。一つは、八ケ郷村への揚水中《ようすいちゅう》は他の水口をとめること、二つは、郷村の者が水路を見廻る場合、山形役所発行の鑑札を持参すること、三つは、堰浚いの実施は山形役所と掛け合って決めること、というものであった。

文化・文政年間(一八〇四〜三〇)になると、特に大掛かりな堰浚いが行われ、町方との間に緊張関係が続いている。文政六年(一八二三)四月、八ケ郷村の堰浚い人足は合計三〇四人、同八年三月は二日間にわたり六〇八人にのぼった。八年の堰浚いは前年の大洪水で、町方にも大被害を与えた後に行われたもので、山形藩では水道方年番や役所役人が立ち会っている。八ケ郷堰の堰浚いについては、文政年間初めから、大勢の人足が町方へ一斉に入りこむとして、町役所や寺社役所では、廻状を出すなど警戒していたのである。

八ケ郷堰の場合、周辺の領域が入り組み状態のため管理が複雑であった。明治二十一年に作成された八ケ郷堰規約でも、山形下条町より水上《みなかみ》とその下流は、経費負担を二分し、山形町方と八カ村とを五分五分としたことなどもその表れであった。

町方の水車設置をめぐって

町方の堰利用の一つとして、水車引き水が問題となるのは、江戸後期、特に文化・文政年間(一八〇四～三〇)以降である。御殿堰のある専称寺地内で、水車による米搗《こめつ》き渡世が明和年間(一七六四～七二)に行われていたが、一時中絶した後、再興の願書をだされたのは文政二年(一八一九)であった。『事林日記』によれば、同様の願書が天保十三年(一八四二)、七日町の玉川屋彦兵衛の養子と材木町の金兵衛からもだされている。弘化四年(一八四七)の絵図によれば、御殿堰が流れる同寺山門の東方に三軒の水車小屋の位置が知られる。水車を仕掛けるには、堰とは別に新川を掘り、そこに水車小屋を設ける必要があった。

山形藩も水野氏時代になると、それまでは寺社方の許可でよかったものが、水道方役所の許可と絵図面を添えることになっている。町方の水車稼ぎが多くなることについて、灌漑用水を優先する堰下の村々から、しばしば苦情がだされるようになったためであろう。

八ケ郷堰では、享和二年(一八〇二)、六日町の米穀商六兵衛が、同町の極楽寺《ごくらくじ》境内に水車を設ける願いを、検断を通じて船町の問屋阿部孫七に提出したが、新規のこととして、初めは許されなかった。その後文化四年(一八〇七)、条件つき

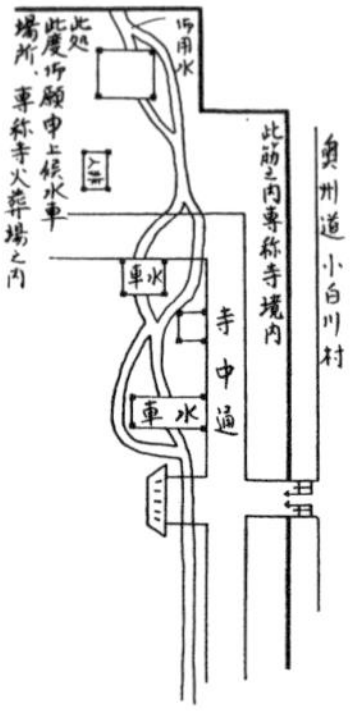

専称寺内水車設置願の図

で許可されたが、その条件とは、一つは洪水の場合、水口をふさいだり、その他堰筋の塵芥は水車方で取り払うこと、二つに、田地の水掛かりに問題が生ずれば、たとえ年季中でも取り壊すこと、三つには、毎年四月中の田植えから田草取りまでは水車稼ぎをしない、というものであった。

嘉永元年(一八四八)、歩町《かち》の茂八の申請をめぐるバッタラ事件は、町検断と八ケ郷堰の用水権を主張する八カ村との間に起こった問題であった。まず、問題は申請の手続きに始まっている。山形水道役所は、八カ村側の許可は、書面への押印《おういん》という形式的なものですまそうとしたのに対し、八カ村側は、従来の慣行通り、書面の提出、条件つき一札の手続きを要求した。さらに八カ村は柏倉《かしわぐら》役所(佐倉藩分領の陣屋)にも訴えた。その中で八カ村側は、山形町方は水野氏になってから、水上の水利用に勝手が多すぎるともいっている。結果は明治期以後も、水車の引き水は、八ケ郷村への願書提出、一札請書の旧来の形式が守られていることから、慣行の原則はその後も維持されたのである。

明治期になると、水車営業者が多くなり、御殿堰・八ケ郷堰それぞれに「水車同業組合」が設けられ、規約もつくられた。その組合員も御殿堰二五名、八ケ郷堰二〇名を数えている。

これも山形

お国自慢 これぞ山形の酒

小諸自慢の酒をちょっとだけ紹介

大吟醸寿久蔵

寿虎屋酒造（株）
TEL023-687-2626

大吟醸雄町

寿虎屋酒造（株）
TEL023-687-2626

我流杜氏

寿虎屋酒造（株）
TEL023-687-2626

秀鳳純米吟醸雄町

（有）秀鳳酒造場
TEL023-641-0026

庄五郎

（有）秀鳳酒造場
TEL023-641-0026

花うつろい

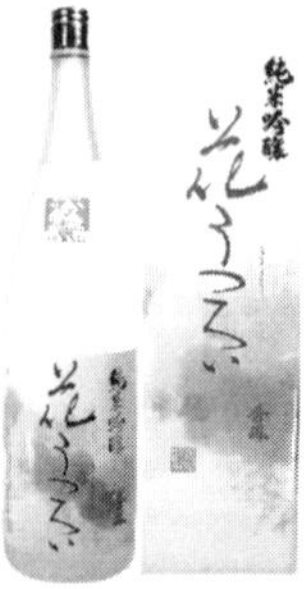

（有）秀鳳酒造場
TEL023-641-0026

純米酒男山

男山酒造（株）
TEL023-641-0141

よどや

男山酒造（株）
TEL023-641-0141

壺天

男山酒造（株）
TEL023-641-0141

夢がたり

男山酒造（株）
TEL023-641-0141

第七章 天保・幕末期の山形藩

幕府の天保の改革で動揺。戊辰戦争では、譜代小藩の運命を辿る。

1 幕府の天保改革と山形藩

譜代藩としての天保期の山形藩秋元氏は、幕府に忠実であった。
天保十三年（一八四二）の株仲間廃止、物価引き下げ、また武州領との替地にも応じた。
村山郡の諸藩領入り交じりについての建議や秋元氏転封の実際を日記にみる。

株仲間廃止と物価引き下げ

文化・文政期（一八〇四〜三〇）の村山地方の経済的興隆については前述した。その中で山形城下においては、諸営業の分化や競争も活発となり、経済的格差が大きくなったことも知られる。天保四年（一八三三）の凶作・飢饉による物価高騰が、多くの貧困層をうみだしたことも画期の一つである。

一方、諸営業の発展に対して、藩では天保六年、衣類・食料品など各種の業者・商人について株仲間《かぶなかま》を決めたことが知られる。藩にとってそれは、商品流通の統制の面で、また冥《みょう》加《が》金《きん》の入手のうえからも、重要な対策の一つであった。

この頃、全国的に物価騰貴が騒動をうみ、特に幕府の基盤は危機的な状況に直面していた。天保十年から老中《ろうじゅう》首座《しゅざ》となった水野忠邦《ただくに》は、同十二年五月に改革を宣言し、同年十二月に株仲間解散令★、翌十三年五月に物価引き下げ令をだして

▼**株仲間解散令**
幕府の天保改革の一つ、はじめ対象は江戸の十組問屋仲間、翌年三月、全国の問屋仲間に広げる。

いる。幕府の天保の改革は直接藩領に及ぶものではないが、独立性の弱い譜代《ふだい》藩の場合にはその影響が大きかった。

山形城下でも他の業種と別に、天保十年十二月、文政十二年(一八二九)に結成された塗物屋十二軒仲間が鑑札《かんさつ》の引き上げを命ぜられている。仲間一同から存続願いがだされたが、これに対して藩役所は、今後山形で「塗物家業」を希望する者があれば、当面自由であるとした。さらに同十二年の株仲間解散令をうけて、秋元氏山形藩が、山形城下の各種の株仲間の廃止を通達したことが知られる。天保十五年十月の「御触書御廻状《おふれがきごかいじょう》書留帳」(十日町)によれば、廃止によって「鑑札譲渡等内々取斗《とりはからい》候者有之趣相聞へ、以之外事ニ候」といわれる状況もみられた。そこで新しく営業を始めようとする者は、役所より鑑札をうけ、商売自由であるが、各業種の頭取《とうどり》・世話人に届け出ることとある。

このとき届け出た業種は、質屋・鬢付屋《びんづけや》・太物屋《ふとものや》・油屋・染物屋・荒物屋・金具屋・うなぎ屋・瀬戸屋・塗物屋・下駄屋・水車渡世・菓子屋の一三営業であった。

幕府の株仲間解散令は、仲間外商人の参加とともに、諸物価を引き下げ、庶民生活の安定を図ることが目的の一つであった。村山郡幕府領では、天保十三年七月に、問屋仲間・仲買などの差し止めとともに、仲間の価格協定を禁じている。秋元氏山形藩は、それより少し前の同年六月、株仲間解散とともに、問屋の価格引き上げを禁じ、諸商人・諸職人から、自発的な値下げ案をださせている。しかし検討の結果、まだ不充分とし、再引き下げを命じたのである。

商人側の最初の値下げ案では、二割引きを最高に、最低は二分七厘七毛の引き下げであったが、これに対して藩は、品目ごとに吟味のうえ、再値引きを決定したのである。たとえば味噌は、商人案では銭一〇〇文につき四五〇匁であるのを五〇〇匁とする。酢については、商人案で結構であるとし、水増しなどで品質が落ちないように取り計らうことを指示した。醬油・塩・灯油については、商人案では時価の約五パーセント引き下げとしたが、それを約八パーセント引き下げとしている。

また呉服類については、木綿《もめん》・麻類でこれまで仕入れた金二分以上の品物は、夏物は八月限り、冬物は十二月限りで売り尽くし、高値の品物は仕入れの差し止めを命じた。大工・左官の労賃は、金一分の日数が、それぞれ独自案の半日増し、つまり「増直下《ましねさげ》」を命じたのである。

山形藩の物価引き下げ、再値引きについては、きめ細かな検討が行われているが、これが経済・社会の安定にどれだけ実効があったのか、充分には明らかではない。上からの政策的な物価決定は、一時的な効果をみたが、持続しなかったとみられる。実際の物価引き下げの効果は、天保十三・十四年の二カ年にとどまり、弘化元年(一八四四)になると、米をはじめ諸物価の急上昇をみるのである。

武州領、村山郡へ替地

山形藩秋元氏の領知六万石は、山形城下町分約二万石のほか、大部分は武蔵国川越にあった。それが天保十三年(一八四二)八月、村山郡幕府領と替地《かえち》を命ぜられた。その理由は天保十一年、幕府が企図とした三方領知替《さんぽうりょうちがえ》が、庄内藩の反対運動などにあって失敗した後、川越藩の増封《ぞうふう》を行うためであった。秋元氏の武蔵国における飛地《とびち》領は、四郡にまたがる四三カ村、三万六千石である。

村山郡幕府領のうち、替地として与えられたところは、尾花沢・東根陣屋付の荒町村ほか一四カ村・一万四三二九石余、柴橋陣屋付の谷柏《やがしわ》村ほか一四カ村・一万二四〇九石余、米沢藩御預所《おあずかりしょ》、漆山村ほか三カ村・九二七〇石余である。これらの三四カ村は、村山郡の中でもまとまった地域ではなく、山形近辺のほか、天童周辺から谷地《やち》近辺にわたっていた。

ところが、村山郡の幕府領から山形藩領への替地について、早速、同年八月から九月にかけて、まず東根陣屋付の村々名主が連署で代官大貫《おおぬき》次右衛門★に願書したり、直接代官に接触を行って、幕府領復帰、「私領渡し」反対を申し入れていたことが知られる。その理由は、これまで二百年の間幕府領として誇りをもってきた村が山形藩領となることは、「旧格★」を捨てることになるとか、山間の村々

▼**大貫治右衛門**
天保二年(一八三一)から弘化二年(一八四五)、出羽尾花沢代官。尾花沢で病死。天保飢饉の対策で領民に親われ、領内に大貫大明神碑が建つ。

▼**旧格**
長年守られてきた伝統的慣行。

で、たびたびの困窮も救助によって近年ようやく立ち直ったのに、「城下之風《ふう》法《ほう》」★になじめば、「山寄在方之風法《やまよりざいかた》」も忘却することになる、などであった。

また注目すべきことは、これら村々の要求をうけた代官大貫は、替地対象となった村々全体の幕府領復帰ではなく、山口村ほか三カ村（山家村・矢ノ目《やのめ》村・原町村）の残留案、つまりその代案をだしていることである。そして、これがまず通っている。その特別の理由とは、これらの村には大規模な新田開発地があること、これらの村の村役人は、郡中支配にとって特に「御益筋」になる者で、山形藩に渡せば、代官支配が困難になることをあげている。村役人とは、郡中惣代《ぐんちゅうそうだい》の伊藤義左衛門・山口三右衛門などであった。また、これらの村に入会《いりあい》関係が多く、山形藩へ引き渡せば、山の利用をめぐる争論が起こり、それが長引き、村は困窮に陥ることも大きな理由としていたのである。

幕府領に残留することになった村々に代わって、新たに山形藩に引き渡すことになった村は、平塩《ひらしお》村・中郷《なかごう》村・杉下村・三河尻《みかわじり》村・達磨寺《だるまじ》村の五カ村と長崎村・中野村の各一部である。これらの村々の大部分は、山形の西部で須川の西側にあたる。しかしここでも、幕府領残留運動が起こり、うち最も強硬なものは、長崎村名主格で豪農の柏倉文蔵と弟文六の幕府への「駕籠訴《かごそ》」★であった。初めは代案全体の中止を訴え、それがだめであれば、長崎村と中野村の一部分割だけでも中止し、ほかに変更することを求めている。

▼「城下之風法」　町方の生活習慣。町方は統制の上でも区別されていた。

▼駕籠訴　きめられた手続きを踏まずに、江戸で登城中の老中に待ち伏せして訴状を差し出す。

しかし、両村の残留が不可能とわかると、文六は天保十四年正月、老中水野忠邦に対して上書し、新たな分割の方法を要求した。それは「入交《いりまじ》り分郷《ぶんごう》」★といい、これまでの長崎村の中の町を、地理的に幕府領と山形藩領に二分しないことであった。つまり、長崎村の高三四七七石余、町数一一、家数六一五軒のうち、山形藩領は高一四八五石余、家数二六三軒となるが、両分郷が長崎村全体にまたがるかたちにする。幕府領残留運動の中で柏倉文蔵（と文六）は、銅山御用★など幕府との特別なかかわりや、水旱損の多い村としてあげているが、地理的な分郷となれば、在町《ざいまち》・河岸《かし》としての共同体慣行の維持が難しくなる。「入交り分郷」の方法は、農民の要求を入れたもので、藩にとっては不本意なものであった。

▼「入交り分郷」
一つの集落が複数の行政村に分けられる場合、普通は地理的に区画するが、それを戸別に分け、入り交じりの状態で村を構成する。

▼銅山御用
幕府直轄の村山郡幸生銅山では、文政七年(一八二四)、長崎村柏倉文蔵を御用達に任命した。

転封と家臣移動の実際

転封《てんぽう》（国替）となれば、藩主とともにすべての家臣が新封地《しんほうち》に移動しなければならなかった。大名の入部事情を記録したものはあっても、家臣全体の移動について記した史料は少ない。幸い秋元氏の家臣山田喜太夫の妻音羽子《おとわこ》が残した「音羽子道中絵日記」がある。これは、弘化二年(一八四五)十一月、秋元氏が山形藩から上野国《こうずけ》館林《たてばやし》藩への転封令をうけた後、その移動の実際を道中絵日記として書いたものである。

ここでは山形出発のようすを中心に取り上げるが、家臣家族の出発までの準備や城下町の騒がしさなど、女性の立場からの具体的な記述もみられて興味深い。

転封令がだされたのは十一月二十九日であるが、飛脚《ひきゃく》によって御触《おふれ》が回ったのは十二月六日であった。山形藩は、大名家の所替《ところがえ》が多いところで有名である。各大名の在任期間は、二十年足らずがほとんどであるが、秋元家は四代約八十年と長かった。日記には、御触をみて「一家中、上を下へとこんざつす」とある。生活面では、金銭の貸し借りの整理があり、家財道具の買い付けで、商人がこの時とばかり押しかける有様も記している。

家臣たちの山形出発は、翌年五月以降であるが、この年は新春から旅仕度を始め、またこれまで長い間世話になり、助け合ってきた人々との別れの挨拶にでるのも忙しいとある。一生の別れとして招かれる会などは、家臣同士ではなく、城下町の商人たちとの間のことであろう。

家臣団の山形出発は一斉ではなく、先発と後発に分かれ、しかも日を違え、小集団の行動であった。先発は弘化三年

山形と別れの図（『音羽子道中絵日記』）

五月二日が一番立ちで、十六日には一二番が出発している。後発は閏五月九日が一番立ちで、筆者の音羽子は、同月十八日の八番立ちであった。しかし家臣たちは家族とも、その前に城郭内からでて、各町に宿をとる必要があった。そこで筆者は、閏五月一日に隣近所に挨拶に回り、寺参り（大宝寺）や墓参りなどもすませていたことが知られる。山田家の出発前の宿は、八日町の河内屋近兵衛宅であった。『東講商人鑑《あずまこうあきんどかがみ》』によると、河内屋は「呉服太物《ふともの》類、三都小間物《さんとこまもの》」の看板を掲げた商人となっている。

五月になると山形城下の各町は、新たに入封する水野家家臣と移封する秋元家家臣の宿で埋まっている。表町にあたる七日町・十日町・横町などは水野家、八日町・五日町・鉄砲町・三日町などは秋元家の家臣の宿として、宿札や幕を掛けているのである。その有様はまさに、「皆家々のもん付《つけ》たる、幕打ちたるは、さながら戦場の陣をとりたる」に似ているとも記している。夜中、拍子木《ひょうしぎ》を打つなど町の騒がしさは大変なものであった。

幕府の上使のもとで、閏五月七日に城の明け渡しが行われている。両家臣団が一つの城下町にかちあうのは、その直前のことで、所替の際の作法としてこれまでも、何度かあったであろう。

秋元家家臣の後発組の山形出発は、上使の御内見分《おうちけんぶん》と御城《おしろ》渡しがすんだ後に行われ、山田家もその一人であった。日記筆者の音羽子は、後発として閏五月十八日に出発することに決まっていた。ところが風邪のため出発できず、一人だけ河内屋に残されている。ようやく出発できたのは二十三日で、河内屋・大坂屋の両宿には、言葉に尽くせぬ親切をうけた事情なども記している。

この日記の特徴は、町屋敷、郊外での人々との別れの場面など、写実的な多くの絵を挿入している点である。家族的な生活面のようすもよくわかる。大名の転封に伴う家臣の移動は、城下町社会にもいろいろな影響を与えたが、この日記はその実際を、女性の目を通して明らかにした数少ない貴重な記録ともいえよう。

秋元氏の封土転換建議

秋元氏は、弘化二年(一八四五)十一月、水野忠精《ただきよ》の山形入部に伴い、上野国館林に転封となった。山形藩主としての秋元氏は、四代七十八年にわたったが、入転封の多い山形藩の中では最も長い滞在である。しかし領内では、大きな変動もみられ、特に天保末期の問題は、幕府の改革の影響もあった。秋元志朝《ゆきとも》が館林転封に際してまとめたいわゆる「村山郡封土転換建議」は、幕府に提出した建議の案文とみられるが、山形藩を含む村山郡の、幕府領・藩領などの入り交じり状態の問題点を指摘したものとして注目される。

その内容をみると、まず藩政の目標である「国富民豊《こくふみんぽう》」は、土地が肥沃で、運輸に恵まれているということがすべてではない、とする。それは出羽の村山郡と米沢藩のある置賜郡を比較すれば一目瞭然であるとし、村山郡の所領問題を大きく四つに分けて取り上げる。第一に、村山郡は山形藩保科《ほしな》氏の統治までは、藩領・幕府領ともによく治まっていた。ところが、その後山形藩が二十万石から十万石以下となり、幕府領が増大したことなどにより、「御料私領之向々散々ニ入《いり》会《あい》」になったことから取り締まりが徹底せず、大名にとっては、天下一の「人気《にんき》悪敷《あしき》場所」となった。江戸近辺とも違い、遠国にこのような「入会」状態があることは、「国之憂《うれい》」である。そこで、村山郡内の各村高の増減の取り調べを行い、領地の「割替《わりかえ》」を行う必要がある、というのである。

第二に、具体的な「割替」案として、⑴上杉氏の預地となっている村山郡漆山村など四カ村（五百石）は、置賜郡にある織田氏領の高畠陣屋付と交換すること、⑵村山郡の奥筋にあたる幕府領尾花沢陣屋付は、取り締まりも悪いので白河藩山辺陣屋付とすること、山辺陣屋は詰役人も優れ、政治がよいという理由もある。⑶山形の旧来の城付地三万石が実際は三万七千石あるので、込高分を引き上げる場合の四カ村（菅沢・長谷堂《はせどう》・狸森・新山各村）を指定し、佐倉藩分領をあわせ、幕府領としての適地をあてる。⑷幕府領代官は、支配替えによる「村々狂ひ」をなくするため、川東・川西代官の二つに区分・統合する。

第三は、幕府領陣屋と郡中惣代についてである。郡中惣代は、幕府領・諸藩領の村々代表の中から選ばれるものであるが、その会所は幕府領におくことが慣行となっている。惣代は村々からの公事出入《くじでいり》★を取り扱うので、会所《かいしょ》が陣屋に付属してあるのは便利であるが、惣代は地役人《じやくにん》と称し、問題も多い。惣代がないところでは「陣屋用達」を立てているが、特に問題はない。惣代は「従来之流弊」といっても、これを中止することはできないので、幕府領の指示を求めたい、というものである。

第四は、一つの村が二つの領主に分かれている分郷問題である。これは、秋元氏の武州領が全部村山郡に替地になったときにも生じたが、分郷は「村方衰微之基」と捉えている。以上のほか、諸藩領が錯綜する地域・村の例をいくつかあげているが、特に当面取り締まりに問題がないとするなど、建議内容は郡内の所領関係全体にわたり、徹底したものであった。

この建議でそのまま採用されたものは少ないが、山形藩をめぐる幕末期の政治状況の捉え方として注目される。

▼公事出入
税に関する訴訟。

②

水野氏と幕末の山形藩

幕府の天保改革で失敗した水野氏が山形に入封。
財政事情は苦しく、紅花専売策などの新たな対策も実施できず、
御用達商人への依存が深まる。

水野氏の入封事情

弘化二年(一八四五)十一月、秋元氏に代わり水野《みずの》忠精《ただきよ》が、山形藩五万石を与えられて入封した。山形藩の石高は秋元氏時代の六万石から一万石の減少となり、領知は城付地として、山形町方二万四千石と村方二四カ村二万石のほか、近江国に五千七百石となっている。

水野忠精は、浜松藩主（七万石）で幕府の老中首座《ろうじゅうしゅざ》となり、天保の改革を主導した水野忠邦《ただくに》の子である。忠邦は一連の改革を実施したことで知られるが、特に上知《あげち》令《れい》で多くの非難にあって失敗し、弘化二年二月に辞職し、謹慎に処されている。嫡子忠精は五万石で家督を継いだ。

水野氏の家臣団は、文久二年(一八六二)改《あらため》の「士分役寄銘録等覚帳」によると、江戸詰めを除き、五一七人であった。このうち知行《ちぎょう》・扶持《ふち》を石高のみで表示す

水野家家紋・水野沢瀉

る者は、家老二人の千三百石を最高に九八人、その内容は五百石以上が五人、百〜五百石が七三人、百石以下が一五人ほかとなっている。そのほかは人扶持《にんぶち》のみ表示四九人、両と扶持表示一四一人、俵と扶持表示二二〇人、両のみ九人であった。人扶持・両・俵表示も上下はいろいろである。また、役職ごとに家臣数を示した文久年間の史料では、山形六八八人、江戸四二七人、大津五人、京都一人で計一一二一人とある。身分別では、御徒士《おかち》以上三六五人、足軽《あしがる》など五一〇人、諸中間《ちゅうげん》二二四人、女中三二人となっている。

これらの家臣団は、山形城下三の丸内に居を構えたが、大部分は長屋《ながや》★住まいであった。大名水野氏も秋元氏時代につくられた二の丸大手門前の新御殿に入っている。

水野氏の山形藩転封は、これまでになく厳しいものとうけとめられていた。それは藩主水野忠精が、弘化三年二月、移封に際して家臣に与えた「直書《じきしょ》★」からも知ることができる。それによれば、このたび我らは、幕府の格別の計らいで五万石を賜り、山形に転封となったが、冥加至極というべく有難いことである。ところで山形転封は、先年の浜松への引っ越しと違い、減知のため上下ともに困窮の時代を迎える。これまでも「渡し方不行届《ふゆきとどき》」であったので、いっそう「暮し方逼迫《ひっぱく》」となるであろう。それを考えると「歎息の至り」であるが、引っ越しにあたっては、種々の取り計らいで難渋を乗り越え、滞りないようにしてほしい、と

▼長屋
三の丸の足軽長屋、一棟に四、五軒が入っている。

▼直書
大名が直接家臣などに与えた書状。

いうものであった。

山形藩は江戸中期以降、石高は同じであっても、財政基盤として、また藩政運営の面から「不人気《ふにんき》」な土地との評判になっていた。それは秋元志朝《ゆきとも》の「封土転換建議」でも明らかである。その主な理由は、幕府領・藩領の入り交じりであるが、そのほかに山形藩の場合、町方の石高が多く、それが水野氏五万石の約半分を占めるのが実態である。この例は、他藩でもきわめて珍しい。もう一つは、村方二四カ村二万石のうち、約半分が山村で山形の東部にあり、蔵王山系の山麓に面し、豪雪の年などは、最も被害をうけやすい村々であったことである。

文久元年の収入と支出

幕末の山形藩財政の実態として、文久元年（一八六一）一年間の収入と支出をみることにしたい。財政は「元払勘定帳《もとばらいかんじょうちょう》」による一般会計と、「冥加金《みょうがきん》勘定帳」による特別会計とに分けられる。これらの帳簿では、貢租米《こうそまい》の納入・支給の調整などはわからないが、最終的な現金出納簿として記録しているので、帳簿ごとの計理から財政の実態を知ることができる。

まず一般会計の収入は、貢租・諸役金《やくきん》と貸借金とに大別される。その中で大きい順に主な項目をみると、借入金一万三五六六両余、米販売代金八四六二両余、

足軽長屋（横町南・昭和初年）

月並《つきなみ》運送金借入六五三〇両余、石代納《こくだいのう》★諸金四三五〇両余、その合計は三万三九六一両余である。一方、支出における主な項目は、江戸送金一万一五一八両余、借入金返済一万三〇八両余、月並運送金返済八七一三両余、山形役務費一八六一両余などで、その合計は三万三七三〇両余となり、差引き残りが二二三両一分余である。注目すべきは、借入金がきわめて多いことで、収入では全体の約五九パーセント、支出では五六パーセントとなっている。

また特別会計は、収入合計が五一五九両余と銭一〇四六貫文である。その内訳は、前年度繰越金が大きく四三九三両余と三三九貫文余、ほかは、産物払下《さんぶつはらいさげ》代金・米会所《こめかいしょ》・肴問屋《さかなといや》その他の冥加金からなっている。一方の支出は、合計が四八九〇両余と五一九貫文余で、その内訳は、「日用当座《ひようとうざ》貸付」が四五八六両余で大部分を占め、ほかは米会所などの諸費用からなる。特別会計は、藩が米会所・肴問屋仲間などの特定商人とのかかわりで、貸付金の融通や諸経費を負担していたことを示している。

商業面に対し、産業に関する金額は少ない。収入では植立方《うえたてかた》冥加金は四五両余となっている。産物払下《さんぶつはらいさげ》代金一二九両も、特別会計の収入の一つであるので、藩は特定商人と提携して保護・奨励を図りながら、財政基盤とすることをみこんでいたのである。幕末になると、国産物の専売《せんばい》制を計画し、実施する諸藩も多かった。

▼石代納
本来米で納めるところ、一定の理由で金納となったもの。

紅花専売の計画と中止

山形藩でも、水野氏が入部してまもない弘化四年（一八四七）に、専売制の採用を計画し、議論されている。専売品として考えたのは、紅花《べにばな》・紅染木綿《もめん》・味噌・糯籾《もちもみ》などであった。山形の紅花は、幕末には減退傾向にあるとはいえ、全国的な特産物の一つである。大豆は特産地の一つであるが、価格が安いので、塩を購入して味噌製造を行えば特産品となる。糯籾は、玄米の廻漕はふけ米が生じやすいので、良質の糯米を籾のままで移出すれば、市場での売上げもよく、専売の効果もあげられるというものであった。

しかし藩が財政再建を理由に、これらの特産物の流通を一手に掌握することになれば、混乱が生ずることが予想された。小藩の山形藩、しかも村山郡内の商品流通のこれまでの歴史的事情もある。そして、水野氏はまだ山形藩に入部してまもないため、問屋商人などとの接触が少ないことも課題であった。

山形藩の専売制は種々検討の結果、実施されなかったのであるが、藩側の結論は、水野家文書「山形御産物廻漕之儀ニ付書付」によれば以下の通りであった。つまり専売制を実施するといっても、「必至と御困窮の御勝手」では自力によることは不可能である。そこで上方《かみがた》商人または「山形身元のものに得と談合」が必

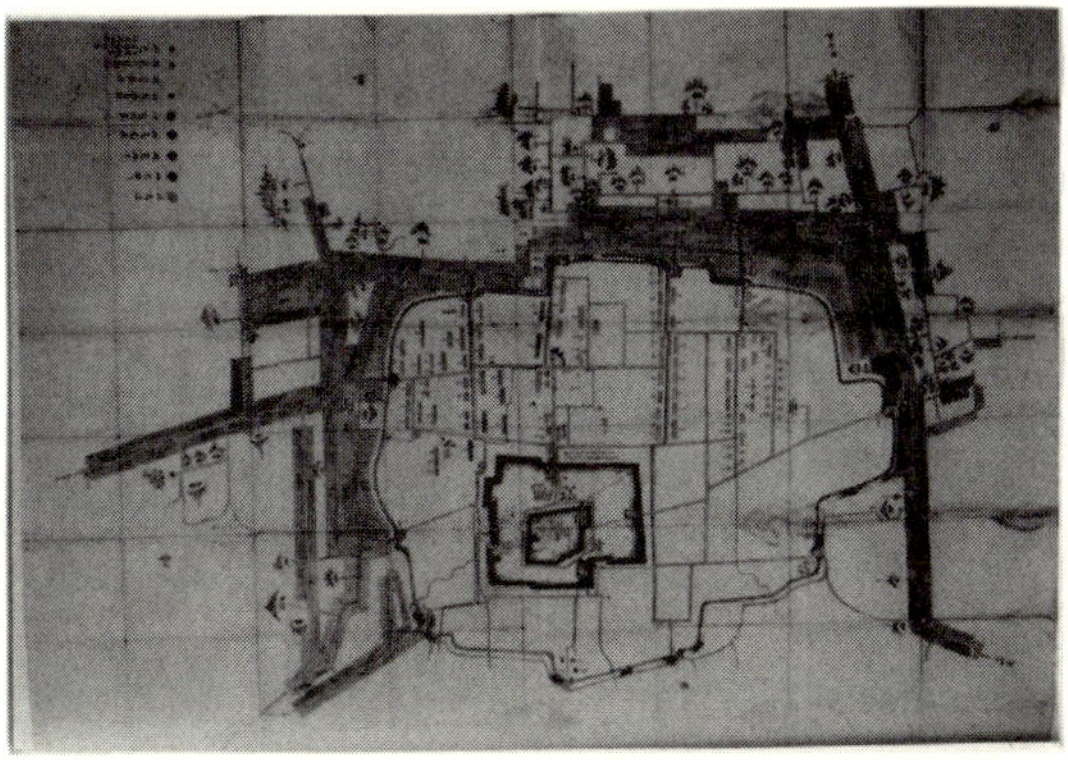

水野時代山形城下絵図

要となる。その合意と協力がなければ、実施すべきではないということになったのである。

山形城下には、秋元氏時代から紅花商人といわれる大商人が多く、また彼らは藩の御用達《ごようたし》もつとめていた。その下に目早《めばや》・仲買を家業とする問屋商人も多い。しかし水野氏入部により、御用達は恩恵も少ないので辞退するかもしれないとの噂もあった。商品の相場や取引に参加する目早・仲買の多くは、専売制が実施されれば、廃業となることは必至であった。このような状況の中で山形藩は、専売制実施の道を中止せざるをえなかったのである。

御用達商人と借入金

幕末期は物価の高騰もあって、藩財政はますます逼迫した。「財司封事《ふうじ》」と題する慶応元年(一八六五)十二月から翌年十一月までの一年間の貨幣収支をみると、元方収入の総計は四万九〇二一両余で、その中の主な種目は、米販売代金一万八二七六両余、石代納《こくだいのう》諸金七九〇九両余と借入金一万二一七六両余となっている。五年前の文久元年(一八六一)度の貨幣収入と比較すると一万五〇〇〇両余多いが、これは凶作などによる米価騰貴が主な理由である。借入金はほぼ同額であるので、総額に対する比率は約二五パーセントとなり、やや低くなっている。

一方、貨幣支出をみると、江戸送金が一万九七八一両余、山形払いが二万七一二七両余で、合計四万六九〇八両余となり、差引き残りは二一一三両余となる。しかし、月別の収支で注目されるのは、ともに十二月に集中しているが、支出の山形払いの三分の二は、借入金の返済にあてられたとみられることである。

藩収入の借入金への依存は、秋元氏時代からのものであるが、幕末期になってそれがいっそう強まった。慶応二年十月、藩は年貢米を江戸へ運ぶ廻米計画を立て、城下の御用達商人などへ新たに五〇〇〇両の借用を申し入れている。これは江戸の米価高騰を理由に、江戸の船問屋と相談のうえで決意したことであるが、御用達からの要望で、借用金は半分の二五〇〇両になったが、割当額（四人か）二〇〇〇両、その他地主商人一二五〇両になった。

廻米六〇〇〇俵のうち、半分は同年十一月に最上川を利用して酒田へ運ばれた。しかし、この年は凶作のため、領内は米不足となり、城下町の各地で小作《こさく》争議が多発し、町民からは、夫食米《ふじきまい》の確保や払下げの要求がだされている。このような状況の中で、例年にもない廻米を計画した背景として、財政危機の深刻さがうかがわれる。

山形藩水野氏の御用達商人は、「士格《しかく》御用達」とよばれた長谷川吉郎次《きちろうじ》・長谷川吉内・村居清七・佐藤利兵衛《りへえ》・福島治助《じすけ》の五人、「新御用達」とよばれた佐藤久太郎・佐藤利右衛門・三浦権四郎・鈴木彦四郎の四人であった。以上の九人は

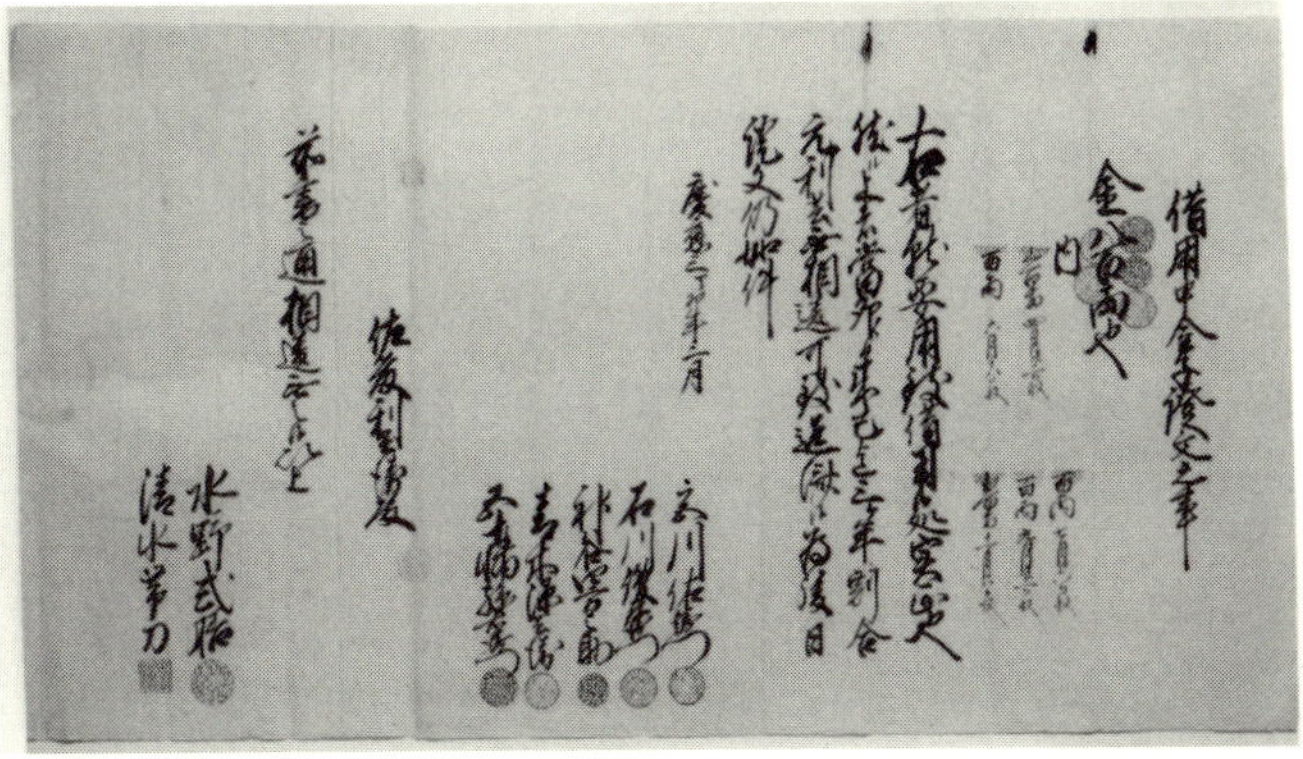
御用達五人衆への借用金証書

「定御用達」ともいわれたが、このほかに、城下町および周辺村々の地主商人で山形藩が借入金をうけた臨時御用達は、三九人にのぼっていたことも知られる。

藩は安政期(一八五四〜六〇)頃から、各御用達に対する御用金の要請を頻繁に行うようになった。特に慶応三年二月、拝領物★も与えて歓待した後、総計七万二〇〇〇両の御用金を申し入れている。定御用達には、分限に応じ、長谷川吉郎次の一万二〇〇〇両を最高に、一万両台三人、五〇〇〇〜七〇〇〇両五人、二〇〇〇両一人、その他は臨時御用達三九人へ、合計九〇〇〇両を一五〇両から三五〇両に分けて要求した。

これに対し御用達衆は「驚天《ぎょうてん》」したといわれ、この噂を聞いた町中は「俄《にわか》に大不景気」、「諸商内《しょあきない》共更に休に相成」る状態であった。御用達側は九人で八五〇〇両にするよう申し入れたが、まとまらなかった。一方三月になると、不景気のため町人三〇〇〇人余が集会し、安米《やすまい》の払出《はらいだ》しを要求して問屋に押しかけた。藩はこれを鎮めるため藩兵をだし、問屋側も安米一〇〇〇俵をだしている。結局、定御用達への御用金額は、御用達側の申し出通り八五〇〇両にとどまり、藩の要求を通すことはできなかった。

▼拝領物
特別の功績で大名から贈られた刀・鎧などの給与品。

◆3 戊辰の内乱と山形藩

慶応四年（一八六八）戊辰の内乱への山形藩の関わりは、同年五月奥羽列藩同盟の成立以前と以後とに分けられる。降伏後の行動、謝罪嘆願、家老の処刑は、他の朝敵藩と同じだが、山形藩は廃藩置県を待たずに解体した。

内乱の進行

将軍徳川慶喜《よしのぶ》の大政奉還をうけ、新政府の下で朝廷は慶応三年（一八六七）十二月、王政復古を宣言した。しかし東北諸藩に多い佐幕派《さばく》★が、すべて西南雄藩中心の新政府に服したわけではない。そこで翌年一月の鳥羽《とば》・伏見《ふしみ》の戦いに始まる、いわゆる戊辰《ぼしん》の内乱が起こった。

江戸周辺の諸藩が簡単に新政府に屈したのに対し、東北に佐幕派の中心ができたのは、幕末の激動期に幕府の譜代《ふだい》大名として、会津藩松平氏が京都守護職《しゅごしょく》をつとめ、庄内藩酒井氏が江戸警衛の中心的役割をつとめる事情があった。また、西南雄藩一辺倒になりがちの新政府への地域的な反発もあったとみられる。

新政府は、まず奥羽諸藩に慶喜追討への支援を発したが、三月には奥羽鎮撫総督《おううちんぶそうとく》軍が仙台に入っている。庄内藩征討の中心は、天童藩を先導役として山形・上

▼佐幕派
会津藩、庄内藩など、尊皇攘夷派に対し、幕府の立場を守ろうとした諸藩。

山藩などとし、会津藩に対しては米沢藩が先鋒を命ぜられた。奥羽に展開した内乱は大きく三つの時期に分けられる。その第一期は四月末から閏四月まで、会津・庄内両藩以外の大部分は新政府軍の命令で動いた時期、第二期は五月に奥羽《おうう》列藩《れっぱん》同盟が成立し、奥羽諸藩が一致して新政府軍に対抗した時期、そして第三期は、七月以降同盟から離脱した藩が新政府軍につき、最後まで抵抗した庄内・会津両藩と戦闘を交えた時期である。

そこで内乱の性格も、時期によって同じでないが、山形藩の動きをやや具体的に追ってみることにしたい。

閏四月の山形藩

四月になると、仙台に逗留中の奥羽鎮撫総督から次々と山形藩へ連絡が入った。水野元永《もとなが》編『要録』によれば、四月十一日付で、九条道孝《みちたか》左大臣より、「庄内征討ニ付、応援出兵」の命令があり、これに対し、期日が決まり次第、水野三郎右衛門を大隊将とする兵隊の派遣を準備するとある。同月二十七日付では、三郎右衛門分隊は前日出兵し、天童に宿陣していたところ、急に庄内勢が六十里越から白岩村へ出て天童へ襲来するという噂が入り、夜中に長町村に引き返した。また翌二十八日付では、同日夕方、衆議によって陣替えとなり、長町村から藩領の長崎村・達磨寺村《だるまじ》に陣地を移している。

いよいよ閏四月四日には、長崎村枝郷の落合《おちあい》陣営で庄内軍と戦争となり、双方に犠牲者をだしたこと、また庄内軍は天童に押し寄せ、陣屋と市中は放火によって焼かれ、天童勢は敗走したとある。のちの記録によると、この戦いでの山形藩の犠牲者は死者七名、負傷者四名であったが、庄内軍の勢いに対する山形城下の驚きは大変であった。各城門や番所の警戒を命ずるとともに、「御家中、家族共立退《たちのき》」の触《ふれ》をだしている。

山形町中も大混乱となっていた。十日町の御用達商人佐藤利右衛門家の番頭《ばんとう》が残した『小立《おだち》日記』、閏四月五日の記事をみると、天童については、「御城内は不残焼る、蔵増《くらぞう》不残焼る、矢の目同断、朝より七ツ時頃（午後四時頃）迄火の手見得候」と記した後、「山形は無事、家財運び、蔵の目ぬり、夜不寝罷在候」とある。「家財運び」とは、近村への一時疎開のことである。佐藤家の疎開先が小立村であった。この頃の山形城下町については「町中壱軒も開店無之」ともある。

また日記の閏四月二十四日付には、種々の情報から、薩長軍が同日、寒河江《さがえ》から山形に向かい宿泊するというので、旅籠町で宿割《やどわり》が行われたこと、一方、米沢勢・仙台勢・会津勢もそれぞれ山形に向かっているという伝聞《でんぶん》をもとに、「山形合戦場に可相成噂《うわさ》にて全く大混雑、何方《いずかた》も又々取片付罷在候」と記している。

山形は戦場にならなかったが、戦争の噂は広まり、放火の恐ろしさに町人たちが震えていた有様が知られる。

奥羽列藩同盟とその後

東北各地の戦いが苛烈となる中で、仙台・米沢両藩は、会津藩の行動を弁護しながら、同藩の謝罪嘆願書《しゃざいたんがんしょ》で争いを治めようとした。これに対して鎮撫総督府の条件は、開戦首謀者の首を差し出し、ただちに城を明け渡すという無条件降伏の厳しい方針であったので、対立は解けなかった。

そこで閏四月十一日、奥羽二七藩の白石《しろいし》会議をへて、五月三日、仙台において奥羽列藩同盟が成立し、会津・庄内両藩の意向をふまえた武力決戦に進むことになる。

しかし新政府軍の猛攻の前に、同盟諸藩は次々と同盟を離脱し、七月には新政府軍についた新庄藩は、同盟軍の中心の一つ庄内藩の攻撃をうけて城下は戦火に包まれ、城は落城している。越後国における同盟軍は、初め優勢であったが、新政府軍の増強によってまもなく占領され、八月末に米沢藩も降伏した。このような情勢の中で、小規模な山形藩も日和見《ひよりみ》的になるのは避けられず、九月十二日に降伏を決めている。

この前後の山形藩の動静は、先の『要録』によって、月日を追って詳しく知ることができる。山形藩は奥羽列藩同盟に参加したものの、いろいろな苦悩を抱えていた。その一つは、新政府軍と同盟軍の争いのほかに、山形近辺には、「浮《ふ》浪《ろう》之《の》輩《やから》」が多いことであった。二つには、小藩でありながら城郭だけが大きく、これでは守城の軍隊も足らず、藩屏《はんぺい》の役に立たないということである。第三は、今回同盟には参加したが、これは仙台など大藩に依存しなければ、城も領知も保全できないと考えたからで、真意は書面でなく口上で伝えるほかなかった事情をもらしている。

しかし実際、六月から七月にかけて、米沢藩の通達で、新庄・秋田口や越後に次々と兵を送り出した。ところが七月になると、秋田藩をはじめ新庄藩も新政府軍に与し、そのため新庄は庄内軍との戦いで戦火に焼かれ、七月十二日に山形藩は敗走したと記している。八月に入り、越後における同盟軍が劣勢になると、降伏をめぐって藩の家老衆の評議が頻繁となった。九月十二日、米沢藩に続き上山藩も降伏したが、同十五日、山形藩は藩主が江戸滞在のため、家老水野三郎右衛門・水野式膳署名の謝罪嘆願書を米沢藩の取り次ぎで提出している。

謝罪嘆願と処分

九月半ばになると、庄内藩も謝罪・降伏を決定していたが、まだ撤兵は終わっ

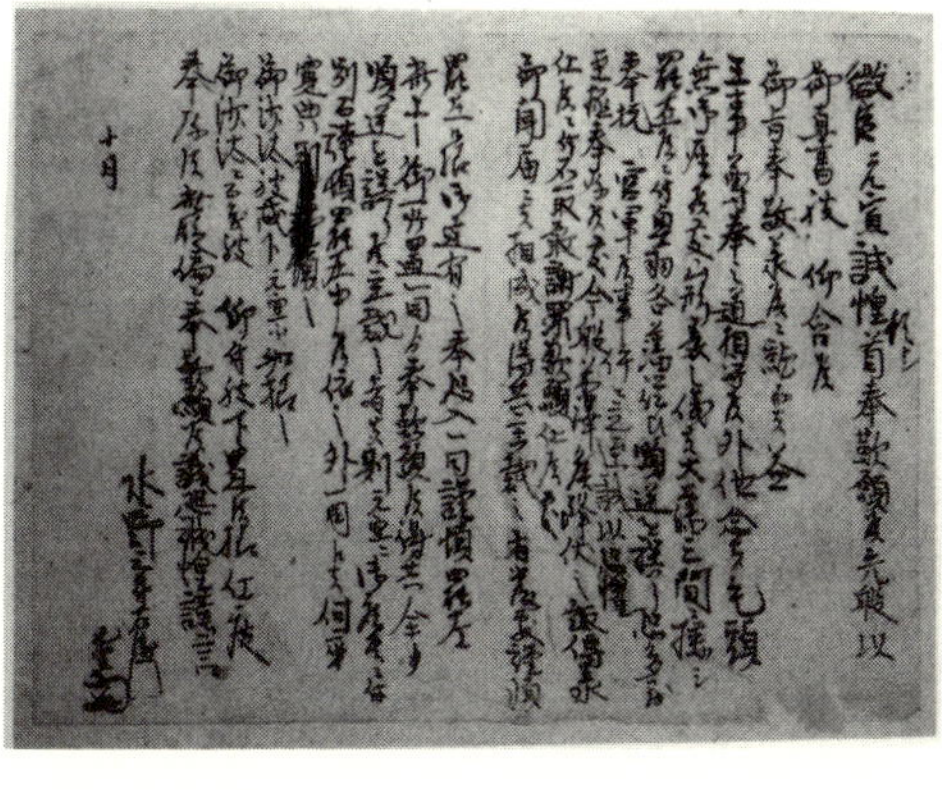

謝罪嘆願書

ていなかった。伊達地方から引き揚げる庄内勢が、村山郡幕府領の中心に宿陣していたので、降伏したばかりの山形藩は、庄内征討の先鋒を命ぜられ、秋田口からの引き揚げ隊も、出兵することになっている。また山形には九月二十日になると、新政府軍の薩摩《さつま》藩のほか、米沢藩・上山藩からの出兵も結集していた。

一方、新政府軍が山形に入ったのは、謝罪嘆願書を確認するためで、まず本丸その他の器械・弾薬などの軍備を点検している。次に宿舎に重臣を集め、城の預かり、家中謹慎を命じた。九月中には庄内藩・会津藩も降伏し、奥羽における戊辰の内乱は終わったが、その傷跡は、多くの犠牲者と戦火で失ったものばかりでなく、のちの時代に引き継がれたものも少なくない。

奥羽列藩同盟の諸藩は、新政府より「朝敵藩」として、その罪科に応じて処分された。山形藩は他の諸藩のように削封地《さくほうち》はなかったが、家老水野三郎右衛門が処刑された。官軍に対して戦った山形藩の責任は、三郎右衛門自分一人にあるとの自筆書も残されている。

山形藩の崩壊

戊辰の内乱が終息すると、新政府はただちに各藩の解体政策を進めた。山形藩も明治二年(一八六九)六月二十九日、版籍奉還《はんせきほうかん》の手続きが終わると、水野忠弘《ただひろ》は

水野三郎右衛門像

知藩事《ちはんじ》に任命され、新藩の職制が公布されている。それは、これまでの藩政機構を廃止してつくられた画一的な行政機構であった。職制は、布政局・民政局・会計・軍務局・学館に分けられ、禄高も「定禄」として、一等級から九等級に分け、その中で士族は上・中・下、卒は上・下に区分された。つまり職制は一変したが、藩主がそのまま知藩事になるなど、人事や藩域はこれまでと同じで、いわゆる官制の藩である。ただし新政府は、旧幕府領や没収地には政府直轄県をつくり、東北には一〇県がおかれた。明治二年七月にできた酒田県は、その一つである。

明治維新における最も大きな行政的変革は、明治四年七月、全国一斉に断行された廃藩置県《はいはんちけん》である。ところが、山形藩にはその約一年前に県が誕生している。それには一つの事情があった。三年五月、新政府は、山形藩を「御用地」として召し上げることを決め、初めその代地は未定であったが、やがて近江国浅井郡朝日山(五万石)と発表された。

旧家臣団の移住については、海運の都合もあるので、三、四回に分けて順次移ってもよいとされ、それまで長屋住まいも許されることになっていた。しかし『要録』の記述によれば、藩内の士族・卒族★たちは、弁官宛の嘆願書によって、転住費用の拝借金としばらくの期間の山形滞在を訴えている。理由は、山形の郭内には長屋も余分にあること、また「如何様之場所《いかようの》に而も不苦候」とか、管内の取り締まりもあるとすれば、我々はどんな奉公に応じてもよいというものであっ

▼卒族
一代限りの家臣。

た。

これに対して新政府は、八月になると、「役員之外」は転住に及ばないとしたが、山形藩の士族・卒族の支配をめぐって、新地の朝日山藩か、山形近くの新県に属するものかも議論されている。士卒の定禄がいったん大蔵省に届けられ、新県に属するものとなれば、藩としての水野家の「家名相続」はないものと同じである。士卒の禄を藩からでなく、県が支給することも「遺憾中之大慶」と述べているところもあるが、これは苦しまぎれであろう。藩士族の有志の中には、定禄支給の変更は大事件であるとして、家名の存続を主張していたことも事実であった。

それからまもない九月二十八日、太政官は、山形藩の跡に山形県をおくことを通達し、同時に酒田県を廃止した。山形県知事に按察《あんさつ》次官の防城俊章《ぼうじょうとしあきら》、大参事に岩尾酒田県大参事を任命している。この山形県は、のちに使われる同名の山形県と区別するために、第一次山形県とよぶことにするが、その範囲の一つは、元山形藩のほか、村山郡内にある諸藩の飛地領、館《たて》領・土浦領・館林領・佐倉領・棚倉《たなくら》領などの分領群である。もう一つは、酒田県に含まれていた出羽国の旧幕府領と政府没収地であった。第一次山形県は、藩として伝統的なまとまりのない弱小藩が基盤となっている。本格的な廃藩置県の前に、一つの実験的な役割を担わされたところと位置づけることもできるであろう。

第八章　山形藩の学問・文化

私塾・寺子屋が普及し、すぐれた科学者、芸術家が輩出。

1

藩校と塩谷宕陰

秋元氏は学問所として菩提寺の泰安寺を使っているが、
山形藩の藩校の始まりは水野氏が浜松から移した経誼館。
古学三家の一人、塩谷宕陰の山形来訪と指導の影響も大きい。

藩校経誼館

山形藩の藩校は、秋元氏時代にはまだみられなかった。秋元氏は菩提寺《ぼだいじ》としての泰安寺《たいあんじ》を山形城三の丸内に移し、学問所として使ったが、藩校設置の計画はない。秋元氏が本格的に藩校を創設したのは、弘化二年(一八四五)の館林《たてばやし》移封後である。それは、嘉永二年(一八四九)創設の村山郡高揃《たかだま》郷学校でも知られる。高揃は館林藩五万石のうち、村山郡漆山《うるしやま》領三万石の中心で、陣屋《じんや》と家臣居住も計画された。陣屋が漆山に移された跡に、「郷学校《ごう》」がつくられたのである。

各藩の村山郡分領の中で、藩校に属する「郷学校」をつくったところはほかにない。安政三・四年(一八五六・五七)の教師には、教頭として中小姓席の白石金輔《しろいしきんすけ》ほか助教数人がいたが、漆山陣屋に居住し、高揃に通って在勤藩士の子弟教育にあたっていた。もちろん、撃剣・槍術の教授も行っている。また領民の子弟も希望者を入学させ、その数も多かったことが知られる。山形藩ではないが、その隣の旧山形藩領での幕末の新しい動きであった。

水野氏が山形藩に入ると、藩校経誼館《けいぎかん》も山形に移している。山形藩にとって藩校は初めての登場であるが、譜代《ふだい》大名の名門水野氏は、唐津《からつ》時代の享和元年（一八〇一）、九代忠鼎《ただかね》のとき経誼館を創設した。家老の水野三郎右衛門元彭が学政郡司となっている。その後藩校経誼館は、浜松転封とともにそこへ移転し、更に嘉永二年、山形に移されたのである。浜松時代は幕府の寺社奉行から老中へと水野家の隆盛時代であり、特に天保初年、藩儒のひとりに塩谷宕陰《しおのやとういん》が迎えられて、学館は拡充された。

その発展ぶりについて『宕陰存稿』をみれば、「館ヲ治城ニ修シ、聖廟文庫・講堂之院・栖士之寮ヨリ、弓銃槍練兵ノ場ニ至ルマテ悉ク備リ」云々とある。水野忠邦《ただくに》は宕陰を侍講《じこう》とし、政治についての相談も行った。また宕陰は、子息忠精《ただきよ》の補導役も依頼されていた。宕陰は江戸における古学《こがく》三家のひとりとも称されたが、水野氏の山形転封後まもなく山形へ

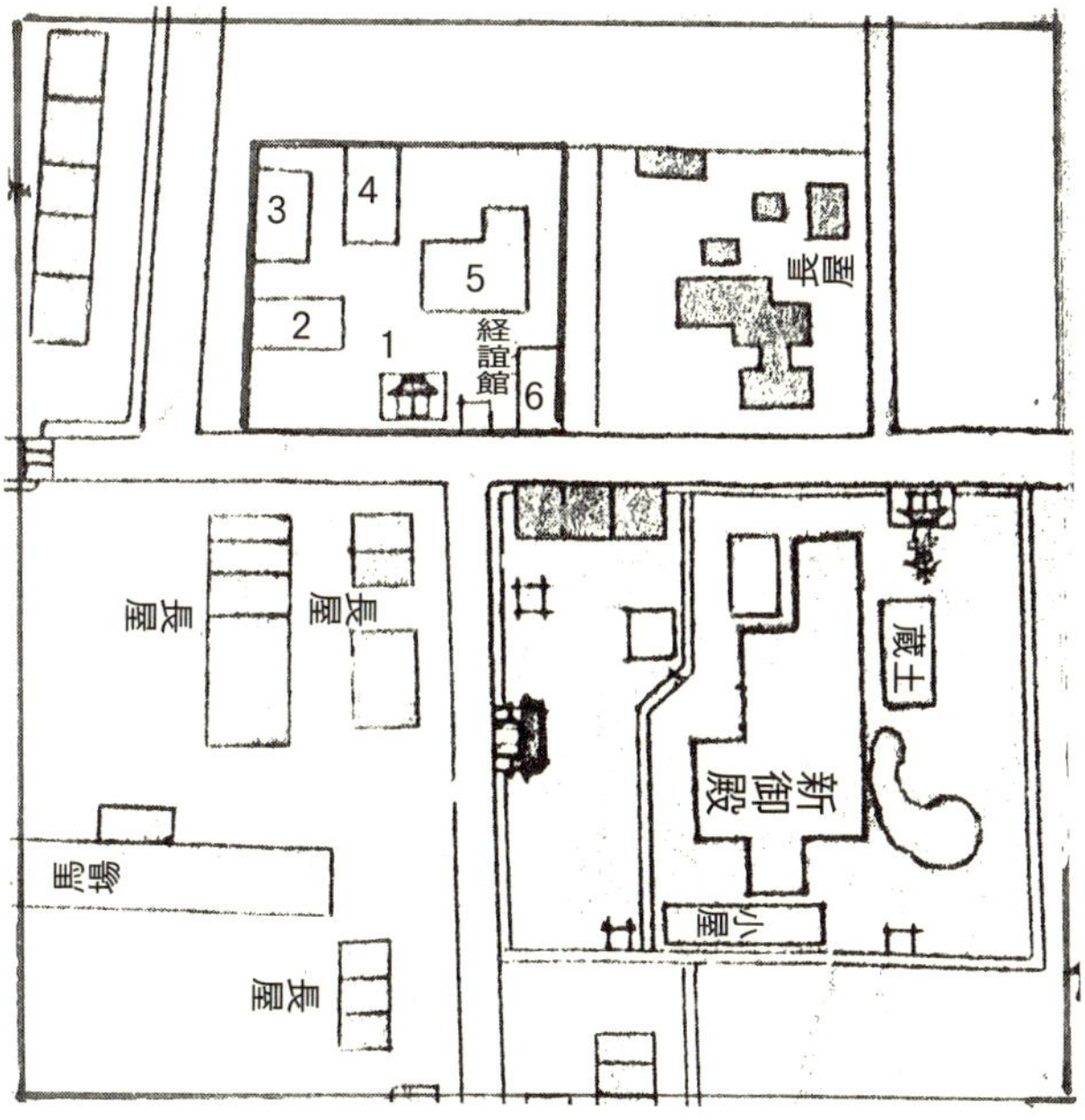

藩校経誼館とその周辺
1 番所、2 槍稽古場
3 兵学書所・算学所、4 剣術稽古場
5 立誠堂、6 弓術稽古場
（水野氏時代城下絵図）

来訪しており、藩校移設などについても指導したものとみられる。

　山形藩水野氏の藩校経誼館は、「水野氏時代山形城下絵図」をみると、現在の香澄《かすみ》町、大手門パルズの敷地にあたり、秋元氏時代には泰安寺があった。そこに立誠堂を中心に、剣術稽古場・兵学所・算学所・槍稽古場・弓術稽古場・番所《ばんしょ》の建物がみえる。分限帳《ぶげんちょう》には、経誼館詰めの役人がおり、これら全体を藩校経誼館とよんでいた。慶応二年(一八六六)の分限帳に記載された教授数は、「御儒者一、儒読五、経誼詰一、剣術師範役二、槍術師範役一」となっている。「謹書」によれば、たとえば御儒者は「毎朝立誠堂へ出席、素読教授」し、剣術師範役は「毎月二七之日、経誼館内稽古場ニテ、諸流共寄合」、稽古を行うものとある。

塩谷宕陰のみた山形

　塩谷宕陰は、藩主水野忠邦の侍講をつとめるとともに、水野家の家史『丕揚《ひよう》録《ろく》』を編修したことでも知られる。また江戸では「安政古学」の大家としても有名で、詩文の著作は少ないが、雄健な点に特徴がみられた。その中に、山形藩滞在中に詠んだ「山形従役詩《じゅうえきし》」がある。

　宕陰は、忠邦が謹慎となり、忠精が家督相続した後、山形転封を命ぜられると、忠精の補導役として山形に赴いた。山形滞在は、嘉永二年(一八四九)八月から翌年五月末までの一〇カ月間であった。山形は浜松時代に比べ、二万石の減封で五万石の領知に減少するほか、寒冷で収益の少ない土地であるとの噂もしきりであった。宕陰の山形来訪は、藩校経誼館の移設にも大きな力となったが、この「従役詩」は、藩主忠精の領内巡視に従って、その感想を七言古詩・七言絶句に詠んだもので、一つひとつは長いものが多い。

主題は、雨の椚沢《くぬぎさわ》村、西蔵王の麓、神尾《かんの》に登る、また唐松観音詣《からまつかんのんもうで》など、単に文学的関心からのみでなく、山形の風土・情景の美しさを詠みあげたものとなっている。たとえば、盆地山形を小江戸に似ているという人もいるが、龍山《りゅうざん》・月山などに囲まれ、最上川・馬見ケ崎川などが流れ、また野菜などが豊富な点などは京都に近いという。また東方神尾の山から山形城をみて、はるか昔、最上義光《もがみよしあき》が、山形を拠点に百万石の版図《はんと》を築き、それが今も羽州の要害となり、その町も栄えている姿を詠む。さらに、名に知る賢公上杉鷹山《ようざん》が治めた米沢は、山形の隣の地域にあることをあげている。

注目されるのは、すべての詩が山形の自然環境や歴史の事歴を詠みこんでいる点である。宕陰は、豊かな学殖と愛情をもって、水野の新領土山形を雄健さがただよう漢詩を通して、美しさと豊かさに包まれたところとみる。それは、藩主忠精を励ますためであるが、領民に誇りと自信を促すことでもあったのである。

龍山と千歳山（音羽子道中絵日記）

②山形の私塾と文芸

山形城下町の私塾・寺子屋の数は、
同規模の城下町に比べ特に多いほうであった。
師匠も武士身分以外の医家や僧職にあるものが目立つ。

山形の私塾・寺子屋

江戸中期以降、特に幕末になると、庶民教育の場として、多くの私塾・寺子屋《てらこや》が開設された。山形城下町は他に比較しても、それが著しく多いことが指摘できる。昭和初期の調査を基にした上倉裕二編『山形県教育史』によれば、市郡別の私塾・寺子屋数（生徒三〇人以上）は、山形市（旧）四六、南村山郡三二、東村山郡五七とある。その後新たに発見したものを加え、昭和五十年代に整理した『山形県史　要覧』（生徒数に限定せず）によれば、山形市（新）二二九、上山市五八、天童市一一、東村山郡二六となり、その合計は三二四となる。

昭和三十年（一九五五）前後の市町村合併で行政区域は変わったが、全体の範域は同じである。ここで著しく数が増えたのは、旧山形城下町の山形市街地である。先の『山形県教育史』の中で、山形県内の主な旧城下町と比較すると、米沢一

五、鶴岡一八、酒田一四となり、各都市の人口数に大きな差がないにもかかわらず、山形の私塾・寺子屋数の多い点は注目されるであろう。その背景には、山形は米沢・鶴岡に比べれば武士数が少なく、藩校の影響が小さかったため、医師・僧侶・神主などを師匠として、読み・書き・算術の訓練をうける、いろいろな私塾ができたものとみられる。

横町の今泉塾

山形城下で最も大きな塾は、横町の今泉《いまいずみ》塾であった。師は今泉吉郎兵衛良《りょう》昌《しょう》で、彼は寛政九年(一七九七)に生まれ、文久二年(一八六二)六六歳で没している。家柄は明和年間(一七六四〜七二)から今泉吉郎兵衛として知られ、苗字帯刀《みょうじたいとう》の町役人であった。その遺徳碑の碑文によれば、塾生は三千百余名にのぼるとあり、仮に三〇歳で開業したとすれば、その始業年度は文政十年(一八二七)頃となる。

教授の内容をみると、「塾則を定め以て、読書、習字、算術、習礼を設く」とあり、それぞれ学習のコースが設けられていた。また「別に幼童に適する所の教律を選び(中略)、且つ授業の暇に近世の野史を講じ」たともあり、児童から一般まで、その対象も広かったことが知られる。

教科書は、習字手本として『手紙文範』『日本国尽《くにづくし》』『山形町尽《まちづくし》』『苗字《みょうじ》

今泉翁遺徳碑

尽《づくし》』など、読書には『実語童子教《じつごどうじきょう》』『女今川《おんないまがわ》』『庭訓往来《ていきんおうらい》』などを使い、上に進めば『大学』『中庸《ちゅうよう》』『論語《ろんご》』までにも及んだ。

塾生には、山形の名家・素封家の子弟もいるが、一般町人・百姓の子弟も多かった。通学の範囲も、今泉塾の場合、広範囲であったことは、遺徳碑と並んで建つ歌碑の裏に刻まれた二〇〇名余の門弟からも知ることができる。

小橋町の木村塾

木村北山《ほくざん》（良達）の先祖は、陸奥国中新田《なかにいだ》で代々医業を営み、北山もその業を継いだ。しかし北山は詩文を好み、国風を深めると、家業を義子弟に譲ることを決意する。そうして文化九年（一八一二）、北山は山形の小橋町に移り住むことになったという。

嘉永二年（一八四九）五月に建てられた「北山筆塚碑《ふでづかひ》」は、来歴に続けて、「翁此地に遊来し、住みて還らざること凡《およそ》三十有余年、この年すでに六十有六、今これ嘉永二年、書を学び、あるいは詩歌を翁における者、数百下らず」と記している。北山は中新田における代々の医業をほかに譲った後、三〇歳代で山形に移り住み、以後文化～天保期（一八〇四～四四）から幕末にかけて約三十年、書や詩歌を指導する私塾を営んでいたのである。

一名「筆塚」ともいわれたこの碑を建てた世話人は、筆弟★中の代表七人で、酢屋勘三郎・阿部屋栄助・水口屋喜惣治・柴田屋伝七など七人で、近在の町人の代表格であったことも知られる。

▼筆弟
筆子・弟子。

十日町の細谷風翁塾

細谷《ほそや》家は最上家に仕えた武士の子孫で、最上氏の改易後に土着して山形に住み、横町に医業を開いていた。風翁《ふうおう》家は江戸後期に分家した家柄で、同じく医を業としたが、宝幢寺《ほうどうじ》の寺侍《てらざむらい》から養子に入った風翁は家督相続後、医業のかたわら漢学塾を始めている。風翁の家督相続は文政六年(一八二三)で、一七歳のときであった。

風翁は、書・詩文のほか篆刻《てんこく》にも優れ、多くの門人を育てたほか、幕末・維新期に、自邸に撃剣道場を開いたり、勤王《きんのう》思想を唱導するなど、実践的な活動もみられる。それらは上山《かみのやま》藩家老の金子与三郎や庄内出身の勤王家清川八郎などとの親交からも知られる。しかし風翁は、山形地方の文人墨客の重鎮であった。

風翁は書や画をよくし、竹所・風道人・風老人などの画号も使っている。風翁の画風は、細谷塾で学びのちに彫塑家として大成する山形出身の新海竹太郎によれば、「自分の想う処を自由に描く」自由奔放にあったという。

風翁墨蹟碑

エピローグ

山形藩の遺産

山形は城下町らしからぬ城下町ともいわれるたたずまいをもつところである。しかし山形城二の丸土塁と堀は、山形藩が成立した頃の面影を残して現存し、国史跡となっている。第二次大戦で仙台のような戦災に合わなかった山形の町には、江戸時代以来のくの字型の細い道路があちこちにみられる。

それでも城下町らしさが少ないといわれるのはなぜだろうか。それは江戸時代からの伝統、いわゆる「藩風」にかかわるものであろう。もちろん全国的には泰平の世といわれる二百数十年の江戸時代に、山形藩は継続しており、何よりもその証が山形城である。ただし藩主となる大名家の移り変わりが激しく、その交替の回数は三百諸藩の中でも最高クラスであった。独特の藩風がみられないことの最大の理由はそこにあるといってよい。そこで、藩風の強いところと比べて、具体的にどんな違いがあるのか、山形の歴史的伝統を理解するために、また今後の検討のためにも次にまとめて取り上げておきたい。

まず藩政上の指導的な人物やのちに大きな影響を与えた改革者をあげることは難しい。最上義光は山形藩の開拓者であり、偉大な武将であるが、藩祖として祀られるものではなかった。幕府政治の中枢にかかわった諸大名の多い山形藩に、藩独自の改革などを企図する大名が現れないのは当然でもある。在任期間の短い大名は、一時的な政策に成果をあげたとしても、紅花専売制など在地に根ざした計画が成功しないのは無理のないことであったといえる。

次に城下町全体の身分制も、成立から幕末まで固定したところと違い、山形城下の変動は大きかった。三の丸内の武家地と町人地の面積の割合は変わらないが、武士と町人の人口比は中期以後大きく変化した。家臣団は、大名石高の規模に比例する以上当然であった。町人人口に対して武士人口が少ないので、城下町の雰囲気も違ってくる。町人にとって武士は消費階級であるので、その減少は喜べないことであるが、それは他に求めることになる。

町と村は、本来基本的に区別されるものであったが、山形城下町の場合、各町に町高があり、町人の多くは田畑を所持し、町ごとの、名寄帳によって年貢を納入していた。その耕地は城下町周辺に分散していたが、その総石高は約二万石で、幕末まで変わっていない。これは他藩に例が少ない。そこで村意識に対して当然城下町の町意識はあったが、他藩に比して、その交流が深かったことも注意すべき点の一つであろう。明治以後、行政区画の整理が行われたとき、飛地が多く複雑なため、土地の交換分合が進まなかったことなども江戸期の事情を反映したものであった。

藩風の弱さが伝統がないということではない。山形城下町は商業優位の町といわれるように、特に江戸中期以降、商人の活動が領域を越えて活発であった。それは鍛冶町・銅町などの産業

明治7年　士族・平民等の割合

	総戸数	士族（%）	平民（%）	その他
置賜県	23,609	6,009（25.4）	17,443（73.8）	394
山形県	58,220	2,417（ 4.1）	55,001（94.4）	802
酒田県	36,874	4,607（12.5）	31,420（85.2）	851

注「県治一覧」（明治7年）、数字の合計が合致しないところもある。

技術についてもみられる。明和年間、一時幕府領化して城郭や土塁が破壊されようとしたとき、惣町中が烈風や水を確保するうえからそれを阻止した経緯もあった。また村山郡と山形との関係では、行政的に町と村の区別はあったが、藩域を越えた広域的な地域形成としての要素が多くみられた。それは、山形藩を背景として登場し、全国に名を残した人物も、国際的な芸術家・文人・科学者が多いことなどとも関係があるといえよう。

山形藩のいわゆる藩風が弱かったことは、明治以後の地域における士族人口の割合によっても知ることができる。明治三年の山形藩（朝日山藩）五万石の地域における全戸数に対するその割合は、士族は約四パーセント、卒族を合わせても九パーセントであった。これは同七年の山形県（このときの山形県は、村山郡・最上郡）の士族戸数が約四パーセントとほぼ同数である。これは同年の置賜県・酒田県が、それぞれ二五パーセント・十二パーセントであるのと比べたとき、全体として士族数の少ないことが明らかとなる。このときの山形県の中に、新庄藩・上山藩なども含まれるが、平均して士族数の割合の小さいのは山形藩の在り方が与えた影響でもあったといえよう。

明治九年、山形は統一山形県の初代県令三島通庸を迎えて県都となるが、合併した三県の中では、最も士族勢力の弱いところであったのである。

朝日山藩の戸数・人口

	戸数	人口
士族	272	1,398
卒族	401	1,794
平民	5,347	28,401
その他	777	4,281
合計	6,797	35,874

注「藩制一覧」（明治３年）

あとがき

山形藩は、戦国期以来山形を拠点として発展した大名最上義光に始まるが、その歴史は譜代大名の藩である。しかも交替が頻繁であっただけでなく、次第に小規模な藩となったことは、その歴史の大きな規定要因となっている。

藩物語としては、成立以来一貫して統治した大名家の代々の藩主を軸として、藩国家の展開について取り上げればわかりやすく面白いものとなるであろう。しかし山形藩の場合、藩主となる大名だけで一〇家以上に上るのであるからそれは無理である。そこで本書では、城下町および領域のほか、周辺の地域も含めて取り上げる工夫を試みた。

本書をまとめる上で、最も参考にしたのは、大部の『山形市史』（中巻）をはじめ、その編集資料であるが、その後の最新の研究成果もできるだけ取り入れることにつとめた。もちろん十分ではないが、その上本書はその性格から、史料や出典の個々の掲載はできないことになっている。ご容赦いただきたい。

本書は平成十七年四月から一年間、週二回、ＮＨＫ文化センター山形教室で行った講義内容が基になっている。原稿の整理にあたり、とくに写真の撮影と利用についてご協力いただいた多くの方々、出版に際し、温かく励ましてくれた現代書館社長菊地泰博氏に対しても、ここに記して改めて感謝したい。

二〇〇七年八月　　横山　昭男

参考文献

『山形市史』中巻近世編（山形市　昭和四十六年）
『山形市史』史料編1　最上氏関係史料（山形市　昭和四十八年）
『山形市史』史料編2、3、事林日記（山形市　昭和四十六年）
山崎吉雄著『馬見ケ崎川農業水利史』（山形市　昭和四十年）
『山形市教育史』第一巻（山形市教育委員会　昭和四十一年）
『山形県教育史』上（山形県教育委員会　平成三年）
『山形経済志料』第一～四（山形商工会議所　大正十年、復刊　郁文堂書店　昭和四十五年）
『山形市史編集資料』1、3、4、8、9、12、22、51、64、69（とくに利用した刊に限った）
『大日本史料』第十二編之四十七（東京大学史料編纂所　昭和五十二年）
誉田慶恩著『奥羽の驍将最上義光』（人物往来社　昭和四十二年）
山形市史編さん委員会『やまがたの歴史』（山形市　昭和六十一年）
川崎浩良著『山形の歴史』前編、後編（出羽文化同好会　昭和二十四年）
木村礎・杉本敏夫編『譜代藩政の展開と明治維新』（文雅堂　昭和三十八年）
北島正元著『水野忠邦』（吉川弘文刊　昭和四十四年）
横山昭男著『近世地域史の諸相』上・下（中央書院　平成七年）
伊藤行生著『山形従役詩を読む』（みちのく書房　平成十二年）
山形県和算研究会『山形の和算』（同和算研究会　平成八年）
落合　晃著『やまがたの俳諧独案内』（一粒社　平成十七年）
山形市教育委員会『図説山形の歴史と文化』（平成十六年）
最上義光歴史館『図録山形県城郭古絵図展』（平成二年六月）
〃　『発掘された山形城三の丸』（平成十七年八月）
〃　『最上義光歴史館収蔵品図録』（平成三年三月）

協力者

山形大学附属図書館（山形市小白川町）
山形大学附属博物館（山形市小白川町）
山形市郷土館（山形市霞城町）
（財）最上義光歴史館（山形市大手町）
（財）山形県埋蔵文化財センター（上山市弁天）
致道博物館（鶴岡市家中新町）
光明寺（山形市七日町）
山寺立石寺（山形市山寺　清原浄田）
専称寺（山形市緑町三丁目）
光禅寺（山形市鉄砲町）
豊烈神社（山形市桜町）
最上公義（京都府与謝野郡与謝野町）
粕川令二（山形市あさひ町）
佐藤利兵衛（山形市十日町）
山口長右衛門（山形市十日町）

横山昭男（よこやま・あきお）
一九三〇年（昭和五）山形県大石田町生まれ。山形大学名誉教授、文学博士。
山形県地域史研究協議会会長、山形県文化財保護協会会長。
著書に『上杉鷹山』、『近世河川水運史の研究』、『近世地域史の諸相』上・下など。
シリーズ藩物語　山形藩
二〇〇七年九月二十五日　第一版第一刷発行
二〇一五年八月十五日　第一版第二刷発行
著者――――横山昭男
発行所―――株式会社 現代書館
東京都千代田区飯田橋三―二―五　郵便番号 102-0072
電話 03-3221-1321　FAX 03-3262-5906　振替 00120-3-83725
http://www.gendaishokan.co.jp/
発行者―――菊地泰博
組版――――エディマン
装丁――――中山銀士＋杉山健慈
印刷――――平河工業社（本文）東光印刷所（カバー、表紙、見返し、帯）
製本――――越後堂製本
編集協力――原島康晴
校正協力――岩田純子＋鴇崎信夫

 ISBN978-4-7684-7110-4

江戸末期の各藩

松前、八戸、七戸、黒石、**弘前**、**盛岡**、**一関**、秋田、亀田、本荘、秋田新田、仙台、松山、**新庄**、**庄内**、天童、長瀞、**山形**、上山、**米沢**、米沢新田、相馬、福島、**二本松**、三春、**会津**、**守山**、棚倉、平、湯長谷、泉、**村上**、黒川、三日市、**新発田**、村松、三根山、与板、**長岡**、椎谷、**高田**、糸魚川、松岡、笠間、宍戸、**水戸**、下館、結城、**古河**、下妻、府中、土浦、麻生、谷田部、牛久、大田原、黒羽、烏山、喜連川、**宇都宮・高徳**、壬生、吹上、**足利**、佐野、関宿、高岡、佐倉、小見川、多古、一宮、生実、鶴牧、久留里、大多喜、請西、飯野、佐貫、勝山、館山、岩槻、忍、岡部、川越、沼田、前橋、伊勢崎、館林、高崎、吉井、小幡、安中、七日市、飯山、須坂、**松代**、**上田**、**小諸**、岩村田、田野口、**松本**、諏訪、**高遠**、飯田、金沢、荻野山中、小田原、沼津、小島、田中、掛川、**相良**、横須賀、浜松、富山、加賀、大聖寺、郡上、高富、苗木、岩村、加納、大垣、高須、今尾、犬山、挙母、岡崎、西大平、西尾、吉田、田原、大垣新田、尾張、刈谷、西端、長島、**桑名**、神戸、菰野、亀山、津、久居、鳥羽、宮川、彦根、大溝、山上、西大路、三上、膳所、水口、丸岡、勝山、大野、**福井**、鯖江、敦賀、小浜、淀、新宮、田辺、紀州、峯山、宮津、田辺、綾部、山家、園部、亀山、福知山、柳生、柳本、芝村、郡山、小泉、櫛羅、高取、高槻、麻田、丹南、狭山、岸和田、伯太、豊岡、出石、柏原、篠山、尼崎、三田、三草、明石、小野、姫路、林田、安志、龍野、山崎、三日月、赤穂、鳥取、若桜、鹿野、津山、勝山、新見、岡山、庭瀬、足守、岡田、岡山新田、浅尾、松山、鴨方、福山、広島、広島新田、高松、丸亀、多度津、西条、小松、今治、松山、新谷、大洲、**伊予吉田**、**宇和島**、徳島、**土佐**、土佐新田、**松江**、広瀬、母里、浜田、津和野、岩国、徳山、長州、長府、清末、小倉、小倉新田、**福岡**、秋月、**久留米**、柳河、三池、蓮池、唐津、**佐賀**、小城、鹿島、大村、島原、平戸、平戸新田、**中津**、杵築、日出、**府内**、臼杵、**佐伯**、森、**岡**、熊本、熊本新田、宇土、人吉、延岡、高鍋、佐土原、飫肥、薩摩、対馬、五島（各藩名は版籍奉還時を基準とし、藩主家名ではなく、地名で統一した）

★太字は既刊

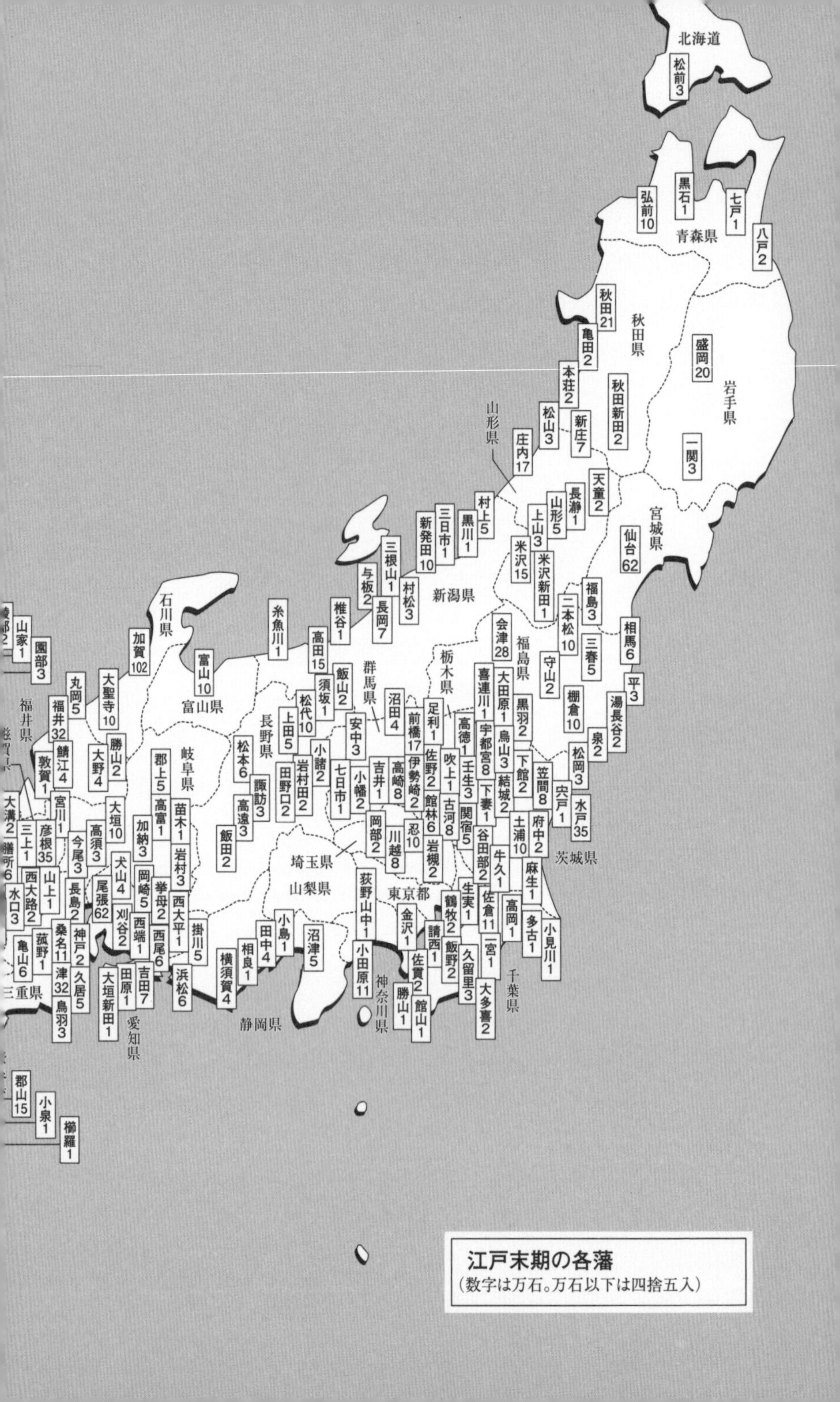

江戸末期の各藩
（数字は万石。万石以下は四捨五入）